842= B.
H

VOYAGE

PITTORESQUE ET SENTIMENTAL

AU CHAMP DU REPOS

SOUS MONTMARTRE,

ET A LA MAISON DE CAMPAGNE

DU PÈRE LACHAISE,

A MONTLOUIS;

Ouvrage où l'on trouve un grand nombre d'Inscriptions funéraires, suivies de réflexions au sujet des personnes qu'elles concernent, et divisé en deux parties;

PAR ANT. CAILLOT,

Auteur de l'Encyclopédie des jeunes Demoiselles, et des Nouvelles Leçons élémentaires de l'Histoire de France.

A PARIS,

Chez
{ HÉNÉE, Imprimeur-Libraire, rue et en face l'Eglise Saint-Severin, n.° 8;
TREUTTEL et WÜRTZ, rue de Lille, n.° 17;
DELAUNAI, Libraire, au Palais Royal, sous la Galerie de bois.

1808.

Deux Exemplaires de cet Ouvrage ont été déposés à la Bibliothèque impériale.

Champ du Repos Sous Montmartre.

AUX VIVANS,

Humaines intelligences, qui animez encore cette boue organisée que l'on nomme le *corps*, c'est vous rendre hommage que d'honorer les tombeaux où repose la dépouille des esprits qui, comme vous, couverts de cette grossière enveloppe, habitèrent le terrestre séjour. Puisse cet ouvrage vous rappeler sans cesse la destinée qui vous attend, et dans la perspective des tombeaux, qu'il vous offre, vous montrer le séjour d'immortalité auquel vous devez tôt ou tard arriver !

XII TAVE.

Il mare si nichia ancor, e il cielo
un caro è cielo. Ecco l'è o opporta
[illegible]
[illegible] 30 que [illegible]
[illegible] 6o [illegible] vedato [illegible]
e [illegible] pelegano ro vous, e [illegible]
Guai[illegible] [illegible] oro sviluppa[illegible] il [illegible]
[illegible]

VOYAGE
AU CHAMP DU REPOS,
SOUS MONTMARTRE.

Iere. PARTIE.

CHAPITRE PREMIER.
Occasion et premières circonstances de mon Voyage.

C'était un jour d'automne: le vent qui soufflait du sud-ouest, avait couvert le ciel de nuages sombres et grisâtres qui ne laissaient parvenir à la terre qu'une lumière peu différente de celle du crépuscule. J'étais allé seul me promener aux Champs-Élysées, avec l'intention de méditer, selon ma coutume, sur les premiers objets qui s'offriraient à mes regards ou à ma pensée. Le silence qui régnait alors dans les allées de cette promenade, et qui n'était interrompu que par le bruit des feuilles que le vent agitait, m'eut bientôt fait rentrer tout entier en moi-même, et forcé mon esprit de se replier sur les sombres idées de la mélancolie. Je marchais triste, pensif, et sans aucun but déterminé. Je sortis enfin de ces allées tracées au cordeau, qui inspirent l'ennui, et amortissent la réflexion, et après beaucoup de circuits et de distractions, j'arrivai à un chemin au bout duquel la campagne s'ouvrit tout-à-coup devant mes yeux. Je suivis un mauvais sentier montueux et dégradé par les torrens qui se précipitent du plateau qui s'étend le long des murs du superbe Mousseau, quand sa vaste superficie est inondée par les orages. Parvenu à cette plaine, dont l'uniformité intéresse peu le promeneur mélancolique, je me hâtai de la traverser, pour arriver à la barrière.

Ce fut là que l'aspect de Montmartre, cette montagne antique et vénérable, attira mes regards et captiva ma pensée. Ces moulins à vent, ces maisons, ces jardins suspendus sur des précipices, en un mot, cette masse pittoresque où la nature lutte sans cesse contre le bras destructeur de l'homme, firent sur moi une impression de tristesse, qui devint plus vive quand je me rappelai qu'auprès de ces carrières, vains débris de la colline, on voyait aussi les ruines de cette abbaye célèbre où des filles de rois et de grands de la terre allaient se livrer, dans une retraite perpétuelle, à la pratique des plus hautes vertus, après avoir renoncé à toutes les grandeurs, priviléges de leur naissance. Que sont-elles devenues ces chastes colombes qui, naguères, chantaient des hymnes à l'Éternel, quand les enfans du siècle faisaient entendre dans la capitale de la France, ou les chansons du crime, ou les airs meurtriers de la vengeance ?

CHAPITRE II.

Madame de Montmorency - Laval, abbesse de Montmartre.

Vertueuse et illustre Montmorency, vous étiez la mère adorée de cette famille de vierges, lorsque la tempête de la révolution détruisit les asiles sacrés de la religion et de la virginité. Chassée, après quarante années, de cette solitude où vos aimables et sublimes vertus rehaussaient la grandeur de votre illustre naissance, vous descendîtes de la montagne en pleurant, et vous cherchâtes une humble retraite dans les murs de St.-Denis, afin de pouvoir élever, à chaque instant, vos yeux mouillés de larmes vers la sainte colline d'où vous étiez exilée. La profanation des tombes royales vous força bientôt de faire le sacrifice d'une si douce consolation: mais une dame courageuse s'honora de vous accueillir fugitive et tremblante; et, sans calculer l'étendue du danger auquel sa générosité l'exposait, elle vous fit trouver un nouveau Montmartre à Bondi; et il ne dépendit pas des égards de son respect, ni des soins de son amitié, que vous n'oubliassiez vos peines et celles de votre cher troupeau.

Ce fut dans cet asile respectable, que j'eus le bonheur d'admirer de près votre patience, votre douceur, votre résignation, et ce courage inébranlable inspiré par la religion, qui soutenait votre vieillesse, et nous faisait souvent rougir de notre méfiance et de nos terreurs. Hélas! pouvions-nous prévoir et craindre que des hommes, que des Français feraient un crime à votre généreuse amie de ne vous avoir pas laissée sans consolation et sans asile? Pouvais-je penser qu'une humble religieuse qui ne tenait plus au monde, et qui se serait accusée d'avoir prononcé le nom de ses aïeux, ne pourrait être sauvée de l'échafaud ni par ses vertus, ni par ses cheveux blancs?

Jamais, non, jamais il ne s'effacera de mon souvenir, ce funeste jour où je vous apperçus sur le char de la mort, les yeux levés au ciel, et entourée de victimes que votre constance encourageait, et qui, sans doute, oubliaient l'horreur de leur situation pour admirer l'angélique sérénité de votre front et de vos regards,

J'étais encore occupé à rendre ce faible hommage à la mémoire de la vertueuse Montmorency, que j'étais déjà parvenu au pied de la montagne qui m'avait rappelé ce triste et déplorable souvenir. J'eus d'abord l'intention de monter à son sommet, pour y jouir de l'immense et admirable perspective de la Capitale du Monde, et de ses charmans environs: mais, comme si tout devait ce jour-là m'inspirer de la tristesse, je vis de loin s'avancer un convoi, vers le Champ du

Repos, auprès duquel je m'étais arrêté, je résolus à l'instant de le suivre, et quand il fut passé, j'entrai avec le cortége dans l'enceinte destinée aux sépultures.

CHAPITRE III.

Situation du Champ du Repos. Réflexions sur cette dénomination. Le voisinage du Champ du Repos. La Chaussée d'Antin. Guinguettes. Magistrat des Convois, etc.

Sur le penchant de Montmartre, à l'ouest, et à une petite distance des nouveaux boulevards, est un vaste terrain, enclos depuis quelques années d'une muraille de pizé. On le nomme *le Champ du Repos*, parce que c'est dans son enceinte que l'homme qui a payé à la nature son dernier impôt, jouit enfin de la paix et de la tranquillité, après les combats et les longues agitations de la vie. Quel sage et quel homme profondément religieux nomma le premier *Champ du Repos*, le dernier asile de cet être dont l'existence, jusqu'à son dernier soupir, est tourmentée par tous les êtres qui l'environnent, et par lui-même? Ici, tous reposent dans le sein de la mère commune, et dans un sommeil qui n'est que l'avant-coureur du réveil, c'est-à-dire, d'une nouvelle existence. Ces débris vénérables, la terre les conserve comme un dépôt sacré; et, si elle se hâte de les dissoudre, c'est pour en épurer les élémens, et les rendre plus dignes de l'intelligence qui les ranimera un jour pour de nouvelles destinées! Existe-t-il dans le monde une demeure qui mérite mieux d'être appelée le Champ du Repos? Quelle agitation, et souvent quels orages dans les palais! quels gémissemens dans les chaumières! quels mouvemens dans les cités! quelles fatigues dans les campagnes! quels remords dans l'âme du méchant; et dans le cœur du juste, quelles craintes, quels combats! Nulle part, l'homme vivant ne trouve où se reposer: nous sommes des voyageurs toujours en haleine; et le chemin de la vie ne nous présente aucun siége où nous puissions nous asseoir.

Le Champ du Repos est, par le plus frappant des contrastes, situé à une courte distance de la chaussée d'Antin, ce quartier l'un des plus agités de la capitale. Dans le Champ du Repos, tout repose, tout dort; à la Chaussée d'Antin, il n'y a ni repos ni sommeil. C'est là que l'avare, nuit et jour, les yeux fixés sur son trésor, calcule de quelle somme il pourra l'augmenter le lendemain; c'est là que le pauvre va frapper d'une main timide à la porte du riche, pour lui vendre ses bras et sa liberté; c'est là que l'écrivain savant, laborieux et infortuné, court implorer la protection d'un Crésus ignorant et dédaigneux; c'est là que le jeune homme entraîné par la violence des passions, médite la perte de son patrimoine, de son honneur, et méditera bientôt, peut-être, la perte de sa vie; c'est là que de modernes Laïs, dévorées de la double passion du luxe et de la débauche, spéculent avec audace sur l'inexpérience de la jeunesse et sur les goûts dépravés de l'âge mûr; c'est là, enfin, que l'ordre de la nature interverti, produit le silence au milieu du jour, et fait naître le bruit quand les ténèbres ont donné le signal du repos.

Le Champ du Repos! la Chaussée d'Antin! quels voisins!

Mais les environs du Champ du Repos ne sont pas tous aussi turbulens, et ceux qui l'avoisinent de plus près offrent l'image d'une solitude qui annonce bien qu'ils sont l'avenue du temple de la mort. Les guinguettes s'en tiennent à une distance respectueuse, et celles qui en sont les moins éloignées, apprennent par le silence qui y règne, même les jours de fêtes, que non loin d'elles est situé l'endroit où finissent les joies de ce monde, où jamais on n'entend de chansons, et où l'on ne voit ni danses ni festins. Une seule maison suspendue sur une carrière, semble braver ce triste voisinage; elle domine sur les tombeaux, comme une citadelle sur les fossés qui l'environnent; mais elle était construite avant que le terrain qui l'avoisine ne fût transformé en un champ de mort; et je doute qu'aujourd'hui aucun vivant osât mettre sa maison en contact avec le dépôt où sont journellement entassées les dépouilles de ses semblables. Cette maison solitaire, quoique consacrée au dieu du vin, n'attire point les enfans de la joie; les grâces de la maîtresse qui fut une jolie femme, participent de l'aspect des cyprès qui ombragent les tombes; ses enfans mêmes n'ont point cette gaîté franche qui convient à leur âge; leurs regards sont tristes et languissans; et dans la saison des ris innocens et des folâtres jeux, ils ont contracté cette lenteur et cette taciturnité qui, dans un âge plus avancé, ne sont l'effet que du malheur, ou de profondes et continuelles méditations.

Les employés de la barrière se ressentent aussi de la nature de l'air sépulcral qu'ils respirent, et du spectacle qu'ils ont sans cesse devant les yeux; leur physionomie grave et sérieuse me fait penser qu'ils s'entretiennent souvent de la fragilité humaine, et de ce fatal moment qui doit ajouter leurs dépouilles à celles des morts de tout âge et de tout état qu'ils voyent conduire à chaque instant dans le Champ du Repos. Mais veut-on se mieux convaincre de l'impression que produit le Champ du Repos sur l'âme de ceux qui le fréquentent? Que l'on observe la démarche et les traits de ceux qui ont la charge de conduire les convois, et de porter les cercueils. Quel philosophe eut jamais une attitude et une démarche plus empreintes d'une gravité mélancolique que ce magistrat du trépas, qui, comme un autre Mercure, précède les convois, et d'un coup de sa baguette d'ébène avertit le fossoyeur, et lui commande d'ouvrir la porte du champ funèbre! Quels tristes et silencieux personnages que ces porteurs toujours en deuil, et que l'on ne voit jamais sourire, si ce n'est lorsqu'une meurtrière épidémie moissonnant leurs semblables par milliers, leur offre la perspective du bonheur dans la désolation des familles!

Jeune homme que les passions entraînent loin des sentiers de la vertu, quitte de tems en tems les salons de la Chaussée d'Antin, et viens te promener vers le Champ du Repos : monte sur cette butte qui le domine, assieds-toi, et contemple, pendant quelques minutes, ces tombeaux qui couvrent les dépouilles de tant de jeunes hommes comme toi, et de tant de beautés, comme celles dont les charmes séducteurs t'attirent dans l'abîme et des plaisirs et des regrets. Si, après quelques séances à cet athénée de la mort, tu ne deviens pas un sage, tu es un homme perdu, et ta mère peut donner un libre cours à ses larmes.

CHAPITRE IV.

Description du Champ du Repos. Réflexions sur les objets que l'on y voit.

J'ENTRAI dans le Champ du Repos à la suite du cortége dont j'ai parlé. Comme je m'attendais à ne voir qu'un champ dépouillé de toute végétation, et un terrain aride et bouleversé, je fus, pour ainsi dire, agréablement frappé de son aspect pittoresque, et je me crus transporté dans les bosquets de l'Élysée, où les poètes ont placé le séjour des âmes bienheureuses.

Au sud-est, à droite, est une éminence plus longue que large, garnie d'un triple rang de tombes, de pierres sépulcrales, de pyramides, et de colonnes surmontées d'urnes funéraires. Chaque tombeau est entouré d'une noire balustrade, dans l'enceinte de laquelle les parens ou les amis du mort ont planté ou des cyprès, ou des rosiers pâles, ou des pavots, tous emblêmes de la douleur et des regrets. De jeunes peupliers s'élèvent au-dessus de quelques tombes qu'ils ombrageront bientôt de leur sombre feuillage.

L'espace va bientôt manquer, de ce côté, à la sépulture de ceux dont les héritiers voudront les gratifier de six pieds de terre et d'une courte inscription. Mais au nord-ouest il est un vaste emplacement couvert d'un rare et triste gazon, que la pioche des fossoyeurs ne tardera pas à creuser, pour y préparer des logemens au père et à la mère de famille, au jeune époux, à la jeune épouse, à la beauté naissante qui, aujourd'hui, reçoit les embrassemens du père le plus tendre, et dont la dépouille insensible sera arrosée demain des pleurs de ce père désolé; au jeune homme à qui la vigueur de l'âge promet une longue carrière de vie et de bonheur; à l'enfant, fruit unique et précieux de l'amour et de l'hymen, et sur lequel reposent toutes les espérances de deux époux qui le reçurent comme un présent du ciel, et comme le gage d'un bonheur après lequel ils n'ont plus de désirs à former.

Que de larmes arroseront cette terre desséchée ! Combien de peupliers et de cyprès se mettront en harmonie, avec ceux qui ombragent le côté opposé !

Entre ces deux côtés, est la partie du Champ destinée à la sépulture commune. C'est là que l'on peut dire:

Mixta senum ac juvenum densantur funera.

C'est un carré long et profond qui se remplit chaque jour de la foule ignoble et pauvre, et où les rangs sont tellement pressés et serrés, qu'il est visible que les fossoyeurs, serre-files de la mort, instruits par une expérience de chaque jour, de chaque instant, appréhendent de ne pouvoir plus donner place, dans quelques années, aux hôtes que le trépas leur enverra. Quand une fosse est comblée, on en ouvre une autre, un peu plus loin, qui se remplit à son tour, pendant que la première se couvre d'une épaisse et riante verdure. C'est ainsi que le printemps naît des glaces de l'hiver; que la création procède de la destruction, et que les mêmes élémens qui entrèrent dans la composition du corps humain, servent à former l'organisation de ces plantes destinées à la subsistance des corps vivans. Hélas! combien de fois la rose dut-elle son parfum et son éclat aux restes de a beauté qui se décomposaient sous les racines de l'arbuste qui la produit!

En face de la porte, à l'extrémité du champ, est un petit vallon planté de peupliers, de cyprès et de saules pleureurs, et dont la surface est couverte, dans toute son étendue, de tombes, de mausolées, de pyramides, et d'inscriptions qui toutes annoncent les vertus des morts, et la douleur de ceux qui les ont dictées! Mais ce ne sont que des inscriptions sur la pierre ou sur le marbre; il faudrait pouvoir les lire dans le cœur de ceux qui se partagèrent l'héritage de celui dont la mort est déplorée, comme une perte dont il est impossible de se consoler. Hélas! en jetant les yeux sur ce triste bosquet, peut-on se défendre des larmes, et ne pas se livrer aux plus tristes réflexions? *Quis temperet à lacrymis?* Virg.

Quoi, il n'y a que huit années que ce vallon reçut pour la première fois la dépouille d'un homme, et depuis quatre ans il n'offre pas le plus petit espace qui ne soit devenu le domaine de la mort! Déjà même les pierres des sépulcres se couvrent de cette mousse que le tems applique sur les ruines; la pluie et les frimas en détruisent rapidement les plus profondes inscriptions, et bientôt la destruction n'aura plus de ravages à exercer sur les noms ni sur les qualités des individus dont la tendresse, l'amitié ou l'orgueil, séparèrent les cendres de celles de la multitude entassée dans la fosse commune! O déplorable destinée de l'homme! il faut aussi que tôt ou tard son nom périsse. En vain il cherche à le conserver, en le gravant sur l'airain et sur le marbre; ces dures substances en sont d'infidèles dépositaires: le cœur est le seul bon gardien des noms dont l'amitié et la reconnaissance leur ont confié le souvenir et le dépôt.

Il était grand jour quand je faisais ces réflexions : mais ce n'est point quand l'astre de la lumière éclaire le monde; ce n'est point avec un compagnon que l'on doit descendre dans ce vallon solitaire où les seuls tombeaux ont le droit de parler, ni le matin quand les habitans de l'air font entendre leurs joyeuses chansons, et que le berger mêle ses rauques accens aux bêlemens de ses troupeaux qui vont paître sur le penchant de la colline, l'herbe qui s'échappe des fentes des carrières; mais, c'est quand le silence universel de la nature laisse à l'esprit toute sa liberté, et le loisir de s'écouter lui-même, qu'il faut se promener dans ce jardin, si différent de celui où le premier homme reçut l'existence des mains du Créateur, et qui n'eût jamais existé, si cette créature ingrate et infidèle n'eût légué à ses infortunés descendans, le triste héritage du crime et du trépas.

Comme ce moment, favorable aux méditations dont la mort est le sujet, était encore éloigné quand le cortége où je m'étais mêlé se retira, je sortis avec tout le monde, en prenant la résolution de revenir le lendemain sur la fin du jour, pour achever ma soirée comme je l'avais commencée : je priai l'un des membres du cortége de vouloir bien me raconter quelques-unes des circonstances de la vie et de la mort de la personne à laquelle il venait de rendre ses derniers devoirs, et les derniers témoignages de son attache-ment.

CHAPITRE V.

Histoire de Sophie Delville, martyre du devoir et de l'amour.

« La personne, me dit le monsieur que j'avais abordé, que nous venons d'accompagner à sa dernière demeure, était une jeune femme de vingt-deux ans. Le ciel n'avait rien formé de plus parfait sous le double rapport des charmes du corps et des qualités de l'âme. C'est un long et profond chagrin qui lui a donné la mort, et si elle n'eût jamais aimé, elle ferait encore le bonheur de sa famille et de ses amis inconsolables de sa perte. » Comme il s'arrêtait à ces dernières paroles, je lui fis de nouvelles instances pour satisfaire ma curiosité qu'il venait de piquer par cet intéressant début. Il voulut bien y céder, et continua ainsi, après avoir essuyé quelques larmes et retenu quelques soupirs :

« Madame Delville était le nom de cette jeune épouse. Fille unique et adorée de parens respectables, elle avait reçu une éducation bien au-dessus de sa naissance. Dès l'âge de douze ans elle possédait toutes les connaissances utiles, et tous les arts d'agrément qui conviennent à une jeune demoiselle, et qui peuvent rendre une épouse aussi précieuse à son époux, que chère aux amis de sa famille. Avec quelle douce satisfation les auteurs de ses jours la voyaient croître en prudence, en modestie et en toutes sortes de bonnes et d'aimables qualités! Avec quelle tendresse ils la chérissaient! Avec quelle vigilance ils cherchaient à éloigner d'elle les dangers qui pouvaient menacer son innocence ou sa tranquillité! Soins inutiles! quelles précautions peuvent défendre un jeune et tendre cœur des atteintes de l'amour, quand la nature elle-même conspire contre ces précautions, et suggère les moyens de les rendre inutiles?

« Sophie touchait à sa seizième année,

quand elle revit *Blaincourt*, jeune homme de dix-huit ans, fils d'un petit marchand de son voisinage, qu'elle avait connu dans son enfance, et qui venait d'achever son éducation dans un collége de province. Blaincourt était en homme ce qu'elle était en fille : c'est dire qu'il était beau, bien fait, doux, poli, et qu'il avait l'esprit orné de toutes les connaissances qui rendent un jeune homme recommandable aux yeux même de ceux qui comptent pour rien les grâces du maintien et les charmes de la figure.

« Dans les commencemens, Sophie n'éprouva point ces mouvemens subits d'un cœur que l'amour surprend à l'improviste, ce sentiment impérieux qui, né d'un coup d'œil, devient une passion dans le même instant qui le produit : ce ne fut que peu à peu qu'elle s'accoutuma à désirer la vue et l'entretien de son jeune voisin. De son côté, celui-ci ne trouvait de plaisir qu'à voir Sophie, à lui parler; et sa principale occupation paraissait consister

consister à en chercher, ou à en faire naître les occasions. Les parens de Sophie n'imaginant pas que leur fille pût concevoir de l'amour pour un jeune homme presque sans fortune, et d'un âge que la conscription devait bientôt atteindre, ne mettaient aucun obstacle aux entretiens des deux amans, dont ils étaient bien éloignés de deviner le motif et le sujet. Près de deux années s'écoulèrent sans qu'ils s'aperçussent des progrès que l'amour avait faits dans le cœur de leur fille, tant elle avait bien su cacher le feu qui la consumait.

« Sur ces entrefaites un riche négociant, veuf de deux femmes, la demanda en mariage. Cet homme était le parfait contraste du jeune Blaincourt; jamais une âme plus perverse n'avait animé un corps plus difforme; mais il avait de grands biens, et plus d'une fois il avait aidé le père de Sophie dans les spéculations et dans les embarras de son commerce. Celui-ci ne consultant que la reconnaissance, et persuadé que sa fille n'avait pas d'autres vues que les siennes, consentit à la demande de M. Delville, qui le même jour fut autorisé à offrir à Sophie l'expression de ses vœux, et l'hommage de son cœur et de sa fortune. Frappée comme d'un coup de foudre, cette fille infortunée ne sut que répondre à la déclaration imprévue qui lui fut faite; elle retira la main que M. Delville lui voulut prendre, et prit la fuite, laissant cet homme stupéfait d'un accueil si contraire à celui qu'il attendait. Le père de Sophie, informé d'une scène si humiliante pour son bienfaiteur et son ami, appela sa fille, et lui demanda les raisons qu'elle avait de repousser le mari qu'il lui voulait donner. La jeune personne ne répondit d'abord à cette question que par des larmes; mais l'amour lui ayant rendu la présence d'esprit et le courage, elle répondit à son père, que son cœur n'étant plus libre, elle n'en pouvait disposer en faveur de M. Delville; que Blaincourt était l'objet à qui elle l'avait donné depuis son enfance; que quels que fussent sa déférence et son respect pour les volontés paternelles, il ne dépendait plus d'elle de reprendre le don qu'elle avait fait à un jeune homme aussi vertueux et aussi aimable que Blaincourt; que dans toutes les situations où elle pourrait se trouver, ses pensées et ses affections se tourneraient nécessairement vers cet unique objet auquel le plus pur amour avait lié son existence. Tu veux donc, ma chère fille, lui dit son père, donner la mort à ceux qui t'ont donné la vie, et sacrifier ce que tu as de plus cher au monde, à un attachement que réprouvent la morale et la religion?— A Dieu ne plaise, reprit Sophie, que je fasse rien qui puisse avancer le trépas des mortels respectables qui m'ont donné le jour! C'est moi seule qui dois être sacrifiée; et je mourrais désespérée, si quelqu'un pouvait dire un jour: Sophie Dormond donna la mort à son père pour conserver son amant. Que M. Delville profite donc des droits que vous lui donnez sur votre fille; qu'il prenne ma main, sans oser prétendre à mon cœur, et qu'il ne craigne point que l'amour que j'ai pour un autre puisse me porter jamais à violer la foi que je lui aurai jurée !

» A ces derniers mots de Sophie, M. Dormond, transporté de joie, lui prodigua les plus tendres caresses, et appela M. Delville, qui attendait dans le salon le dénouement de cette scène si touchante, et si peu flatteuse pour son amour-propre. De peur que Sophie n'eût le tems de la réflexion, un notaire fut mandé aussitôt pour passer le contrat. Le lendemain, qui était un dimanche, l'annonce fut publiée, et le surlendemain on procéda à la cérémonie du mariage, pendant laquelle, et la fête qui s'ensuivit, madame Delville ne fit paraître qu'une froide indifférence, signe peu équivoque d'une passion concentrée et d'un profond chagrin.»

CHAPITRE VI.

Continuation de l'histoire de madame Delville.

« Le jeune Blaincourt n'apprit son malheur que par la voix publique; car son amante, fidèle à la parole qu'elle avait donnée à son père, avait pris la résolution de ne le plus voir, et même de ne lui point écrire. Consterné d'abord à cette affreuse nouvelle, il forma ensuite le projet d'enlever Sophie; mais celle-ci, qui demeurait dans un quartier éloigné, ne paraissant point quand il cherchait à la voir, il perdit l'espérance de la ravir à son époux, et partit peu de tems après pour l'armée, d'où il lui écrivit plusieurs lettres qu'elle ne put se déterminer à laisser sans réponse, ne trouvant plus aucun danger pour sa vertu dans cette correspondance éloignée. Vous croyez sans doute que les procédés de M. Delville avaient affaibli la vivacité des sentimens de sa femme pour son jeune rival, et que Sophie n'était une bonne épouse que parce qu'elle avait un bon mari: plût à Dieu que M. Delville lui eût ressemblé, ou du moins eût eu pour elle une partie des égards qu'il aurait eus pour une étrangère! Que pourrais-je au contraire vous en dire, qui ne vous donnât l'idée de l'être le plus tyrannique, le plus insociable et le plus vicieux qui ait déshonoré l'espèce humaine et souillé la couche nuptiale! A peine se vit-il en possession de Sophie, qu'insensible à ses aimables et touchantes qualités, il ne chercha que les occasions de la mortifier, et de l'accabler chaque jour, et sans motif, de tout le poids de l'autorité conjugale. Homme capricieux, emporté, avare, jaloux et libertin, car il avait conservé son ancienne maîtresse, il exigeait tout, ne se contraignait en rien, et n'offrait jamais à sa belle et vertueuse compagne la moindre occasion de le remercier soit d'une condescendance, soit d'une marque d'amitié.

« Cependant, cette âme si tourmentée et si malheureuse s'appliquait sans cesse à déguiser le chagrin qui la consumait ; et son visage toujours serein, et ses prévenances assidues pour son tyran, faisaient croire aux auteurs de ses jours, qu'elle était la plus heureuse des femmes. J'étais le seul confident de cet ange de patience et de bonté ; ainsi, je puis vous assurer que son existence, depuis son mariage jusqu'à sa mort, n'a été qu'un long supplice, qui ne s'adoucissait que lorsqu'elle trouvait l'occasion de me parler de Blaincourt, et de la crainte qu'elle avait qu'il ne succombât dans la périlleuse carrière où le désespoir l'avait engagé.

» Il semblait qu'une espérance vague, dont elle refusait de convenir, lui montrât dans une sorte de lointain un jour où, sans se rendre criminelle, elle pourrait recevoir un baiser de ce cher amant. Sans doute un tel espoir n'aurait pu que faire des progrès dans l'âme d'une femme ordinaire qui se serait plu à le fortifier; et la maladie mortelle dont M. Delville fut attaqué, était sans doute un motif de penser que tôt ou tard il serait réalisé. A sa place, quelle amante, quelle épouse n'eût ressenti une secrète joie de voir s'approcher l'instant où elle serait délivrée de son ennemi! Toujours vertueuse, toujours sensible, elle n'apprit qu'avec une vive douleur l'arrêt des médecins: plus la maladie empirait, plus elle redoublait d'inquiétudes et d'attentions; jour et nuit auprès du lit de son époux, elle ne prenait de repos, que lorsque la nature excédée lui en imposait la nécessité: enfin, on aurait dit une amante alarmée pour les jours du cher objet de son amour. Mais tous ses soins ne purent arrêter les progrès de la maladie, qui emporta M. Delville, et lui rendit à elle la liberté de s'occuper de Blaincourt, et de le remettre en possession de ce cœur que le seul devoir lui avait ôté.

» Après avoir satisfait aux devoirs du veuvage, elle pensa qu'elle ne pouvait rien faire de plus doux pour elle-même, et de plus consolant pour Blaincourt, que de rendre plus fréquent et plus vif le commerce de lettres qu'elle avait établi entre elle et lui. Ce commerce dura jusqu'au milieu de cette présente année, mil huit cent sept, époque où Blaincourt obtint un congé pour revenir à Paris. Je ne vous peindrai pas la joie de madame Delville, quand elle apprit l'arrivée de Blaincourt. Vous pouvez aisément vous en former une idée. Cette joie, hélas! devait être bientôt suivie d'une mortelle douleur ; car, à peine deux mois s'étaient écoulés depuis le retour de son amant, que celui-ci, dont les fatigues du service militaire et d'une longue route avaient enflammé le sang et les humeurs, fut attaqué d'une fièvre à laquelle il succomba, après quelques jours de maladie.

» Privée du seul objet dont l'amour l'avait soutenue dans ses peines, madame

Delville ne fit plus que traîner sa vie dans la tristesse et la langueur: insensible à tout, hormis la cruelle perte qu'elle avait faite, elle repoussa constamment les consolations de ses amis et les miennes; sa beauté perdit peu à peu son éclat; une maigreur affreuse fit bientôt disparaître l'aimable fraîcheur de son coloris, et, minée jusqu'au fond de l'âme par une tristesse irrémédiable, elle perdit toutes les forces du corps, après avoir perdu toutes celles de l'esprit. Enfin, épuisée de larmes, de soupirs, de regrets, cette épouse vertueuse, cette amante désolée, martyre également de la vertu et de l'amour, rendit sa belle âme, il y a deux jours, après une maladie de langueur, pendant laquelle elle ne cessa de prononcer le nom de celui dont la mort causait la sienne. »

CHAPITRE VII.

Je passe la nuit dans le Champ du Repos.

Le récit que je venais d'entendre m'avait profondément ému; et j'admirais comment, dans un siècle où la fidélité conjugale et un amour constant font sourire le plus grand nombre, ou de mépris ou de pitié, une femme jeune et belle avait pu braver l'opinion générale, en leur faisant le sacrifice de son bonheur et de sa vie. Quand l'ami de cette infortunée et moi, nous fûmes arrivés au boulevard Montmartre, nous nous séparâmes, en nous promettant l'un à l'autre de venir de tems en tems répandre des larmes et jeter quelques fleurs sur sa tombe.

Dès le lendemain, je profitai de la douce et triste température de la journée pour exécuter le dessein que j'avais formé de passer la nuit au milieu des tombeaux du vallon dont j'ai parlé. La porte du

Champ était fermée quand j'y arrivai; mais je n'attendis que quelques instans, après lesquels elle s'ouvrit pour donner passage à plusieurs victimes que le trépas avait frappées avant l'âge de quinze ans. A la faveur de la foule qui avait escorté les cercueils, et qui contemplait le triste spectacle de l'inhumation, je descendis rapidement dans le vallon, où je me cachai derrière une tombe sur laquelle un saule pleureur penchait ses flexibles rameaux, comme pour la dérober aux yeux des profanes et des indiscrets. Je tremblais d'être remarqué; heureusement la nuit approchait, et je n'avais plus que quelques momens à attendre pour n'être point distingué dans l'ombre, des pierres sépulcrales qui m'entouraient. Enfin le crépuscule arriva et disparut, et j'entendis bien distinctement le bruit des verroux et de la barre, qui me condamnaient à passer la nuit au milieu des mausolées et des cyprès.

Quelque fût le courage dont je m'étais

armé en entrant dans cette solitude, je ne pus me défendre alors d'un mouvement d'effroi, et d'un je ne sais quel sentiment qui prit sur ma raison un tel empire, que je fus pendant une grande heure incapable de toute espèce de réflexion. Je frissonnais au moindre vent et au moindre bruit du feuillage; un oiseau qui voltigeait d'une branche à une autre, mettait tout mon sang dans la plus vive agitation; et mon imagination s'était exaltée à un si haut degré, qu'elle se représentait tous les morts indignés, sortant de leurs cercueils, et errant autour du vivant téméraire qui osait profaner par sa présence le paisible séjour dont la mort les avait mis en possession.

Cependant l'astre de la nuit s'avançait entouré de nuages sombres et noirâtres, et la pâle lumière de ses rayons vint bientôt augmenter mes terreurs et l'agitation de mes esprits. Tantôt les tombes m'apparaissaient éclatantes de blancheur; tantôt elles disparaissaient dans une obscurité profonde, qui était, un moment après, dissipée par un nouvel éclat: mais rien ne m'intimidait comme l'ombre tremblante des peupliers, qui se dessinait sur les pierres sépulcrales, et comme le son lugubre et sourd du feuillage agité par le vent.

Je restai long-tems dans cet état de torpeur et de saisissement, sans oser faire un mouvement et sans pouvoir faire le moindre usage de ma raison : étrange pouvoir de l'imagination, qui explique pourquoi tel guerrier qui ne tremble jamais sur le champ de bataille, frissonne quelquefois au moindre bruit, en traversant pendant la nuit une épaisse et profonde forêt!

Quand j'eus passé par tous les accès de cette terreur panique, je me remis peu à peu, et ma raison étant sortie enfin de cette captivité où la surprise de mes sens l'avait retenue, je me trouvai dans la liberté d'esprit dont j'avais besoin pour méditer sur le triste spectacle que j'avais devant les yeux.

CHAPITRE VIII.

Réflexions sur ma situation. Tombe de Mlle Chameroi. Le Champ du Repos est un livre bien éloquent.

Quelle situation est la mienne! me dis-je d'abord à moi-même! à cette heure où s'ouvrent les portes de tous les spectacles, pour recevoir la multitude avide de plaisirs et d'illusions; à cette heure où tous les sexes et tous les états s'empressent de repaître leurs regards et leur esprit des mensonges du théâtre; à cette heure où les heureux du siècle ne s'entretiennent, dans leurs brillans salons, que des héritages que la proscription ou le trépas de leurs semblables ont déposés entre leurs mains, et lancent dans un avenir incertain de vastes projets d'avarice et d'ambition, je suis seul, seul ici, dans le champ de la mort, sous les regards de Dieu, entouré de tombeaux, et assis sur la dépouille d'hommes qui, naguère, m'estimaient moins peut-être qu'un seul de leurs coursiers! Combien n'en est-il pas qui, il y a peu d'années, peu de mois, peu de jours, s'enivraient des charmes de ces enchanteresses de profession dont les pas mesurés avec un art admirable, ou dont la voix harmonieuse répandait dans les cœurs le doux poison de la volupté! Que vois-je? quelle est près de moi cette tombe dont l'inscription commence à se rembrunir? Lisons : hélas! elle couvre les restes de la moderne Terpsychore, de cette jeune et célèbre Chameroi, dont la légèreté, les talens et les grâces faisaient l'admiration de la capitale et de l'Europe. C'est cette nymphe rivale de Zéphire, qui repose sous ce triste monument; et déjà elle est oubliée, et déjà sa place dans le temple des plaisirs et des arts est occupée par d'autres nymphes qui brillent aujourd'hui, et qui demain, peut-être, viendront se placer à côté d'elle.

Oh! quel moraliste composa jamais un livre plus éloquent que celui que j'ai maintenant sous les yeux! quelles austères maximes de sagesse sont gravées sur tous ces mausolées! quel orateur fit jamais entendre du haut de la tribune chrétienne, une voix plus éloquente et plus terrible! Que sont toutes ces peintures de la fragilité humaine, que nous lisons dans les discours des philosophes? que valent toutes ces prosopopées par lesquelles de froids rhéteurs évoquent les morts, et les font sortir de leurs sépulcres, pour les interroger et leur dicter les réponses qu'ils ont composées à loisir de leurs préjugés et de leurs vagues opinions? C'est le langage du cercueil qu'il faut entendre; car c'est le cercueil qui a hérité de la parole que les morts ont perdue. Son langage est muet, à la vérité; mais c'est une pantomime admirable dans son immobilité; c'est l'éloquence du trépas, qui seul ne flatte point, et dit toujours et à tous la vérité.

Les ruines de Thèbes, de Memphis, de Persépolis, de Babylone et de Palmyre ont-elles une voix qui parvienne aux oreilles, et les frappe de son éclat? Non. Cependant, quel voyageur peut rester insensible et s'empêcher de verser des larmes en contemplant ces pompeux débris qui attestent d'un ton si convaincant l'empire de la destruction sur les hommes et sur leurs plus beaux ouvrages? Ici, il y a plus; ici, mes regards s'abaissent sur les débris de l'homme, ce monument sublime d'une céleste architecture. Ce monument construit avec une sagesse toute divine, est tombé! Que sa chute me donne une terrible leçon! Il est tombé, peut-être tout-à-coup, et dans l'instant où il paraissait devoir braver par sa solidité, pendant un grand nombre de jours, les ravages du tems et les assauts du trépas.

CHAPITRE IX.

Je continue mes réflexions. Apparition du spectre d'un athée.

Dans ce silence universel de la nature, et quand des milliers d'hommes dorment autour de moi d'un sommeil éternel, quelle voix se fait entendre à mon cœur! Par quel prodige les pensées de la mort m'élèvent-elles à la source de la vie, et les restes inanimés de l'homme me font-ils naître l'idée d'une suprême et éternelle intelligence? Être immuable, qui, du sommet du monde, gouvernes toutes choses par des lois invariables comme ta divine essence, je te salue! je me prosterne devant toi et je t'adore. Comme dans cette double nuit de la nature et du tombeau, ta grandeur infinie se manifeste à ma pensée! Comme le néant de l'homme se découvre tout entier dans cette enceinte resserrée où viennent aboutir et ses plaisirs et ses peines, et ses souvenirs et ses projets! que d'autres, émerveillés du spectacle des beautés naturelles renfermées dans ce cercle *dont le centre est partout, et la circonférence nulle part,* admirent dans un étonnement profond l'immensité de ta puissance! que la splendeur de l'astre des jours leur annonce ta gloire! que les champs émaillés de fleurs, et les campagnes couvertes de fruits, les engagent à élever vers toi leur cœur attendri et leurs mains reconnaissantes! tous ces tombeaux que mes tristes regards parcourent en ce moment, me crient d'une voix haute et unanime: *un Dieu existe;* et c'est ainsi que la nuit du sépulcre, d'accord avec les ténèbres de la nature, m'instruit de la même vérité que ce géant qui, chaque matin, s'avance pour réveiller et éclairer l'univers : *nox nocti indicat scientiam.* Être éternel, quel besoin ai-je d'approfondir les preuves innombrables qui établissent on existence?

Je te sens en moi, autour de moi; tu m'environnes et tu me pénètres, comme l'océan embrasse et pénètre ses rivages; et les intelligences qui animèrent les ossemens entassés dans ce séjour de repos, me racontent, les unes tes miséricordes, et les autres ta justice. Dégagées, aujourd'hui, de cette vile matière qui naguère, leur servit d'enveloppe, de ce manteau de boue qu'elles ont rendu à la masse de boue d'où il fut tiré, ces substances immortelles me contemplent, m'écoutent, et me transmettent, par des voies incompréhensibles, la connaissance de l'éternelle destinée à laquelle elles furent appelées à l'instant où elles s'exhalèrent de leur terrestre séjour.

Oh! combien l'aveugle et audacieux mortel qui osa te chasser de son esprit et de son cœur, fut étonné quand son âme comparut devant ta majesté infinie! Comment ne vit-on pas sa dépouille s'agiter et frémir de surprise et de terreur? Comment sa langue glacée ne se ranima-t-elle pas pour exprimer l'épouvante dont elle fut frappée quand la chair ne se trouva plus entre elle et tes divins regards ! Grand Dieu, cause universelle, âme de la nature ! tous les êtres te reconnaissent et te célèbrent comme leur unique auteur : l'homme seul détournerait-il de toi l'esprit intelligent et raisonnable que tu ne lui donnas que pour te glorifier ? Ah ! sans doute, et j'aime à le croire, il n'y en eut pas un seul, des quarante mille mortels dont les corps gisent ici dans la poussière, qui n'eut la conviction de ton existence et le sentiment de tes adorables perfections.

Comme j'achevais de prononcer avec émotion ces dernières paroles, un bruit se fit entendre à mon côté. Je jetai les yeux vers l'endroit d'où il venait, et j'aperçus, chose admirable et inouïe ! un spectre qui, enveloppé de son linceul, était sorti d'un tombeau, et s'avançait gravement vers moi pour me parler. Cette apparition ne fut-elle qu'un jeu de mon imagination ? c'est ce qu'il m'est impossible d'assurer ; mais le dialogue suivant, que j'ai bien retenu, me fait croire que je n'étais pas alors le seul interlocuteur pour deux rôles à la fois.

CHAPITRE X.

Dialogue entre le Spectre de l'Athée et Moi.

Quand le spectre se fut approché de moi, il me fit entendre ces horribles paroles d'une voix telle qu'il m'est impossible d'en spécifier le son, n'en ayant jamais entendu une semblable parmi les hommes :

« Tu fais bien d'adorer Dieu : garde-toi » de jamais m'imiter, car je fus un athée. »

MOI.

Tu ne crus pas qu'il existait un Dieu !

LE SPECTRE.

« Non ; ou plutôt je fis semblant de ne le pas croire.

MOI.

Quelles raisons avais-tu pour ne pas croire que l'univers a été produit, et est gouverné par une suprême intelligence?

LE SPECTRE.

LE SPECTRE.

Aucune. J'avais beau en chercher, je n'en trouvais point de solides, et j'étais réduit à ne répéter que de vains sophismes que j'avais lus dans les ouvrages de quelques prétendus philosophes.

MOI.

Si tu n'avais point de bonnes raisons pour être athée, tu avais donc des motifs pour le paraître?

LE SPECTRE.

Sans doute. Voyant tous mes semblables pénétrés de l'idée d'un Dieu et du sentiment de son existence, l'orgueil qui m'aveuglait me porta à me distinguer de la multitude, en soutenant à quiconque voulait m'entendre, que Dieu n'existait pas, et que l'univers était l'ouvrage du hasard, ou même qu'il avait toujours existé. Je regardais comme une gloire de penser sur ce grand sujet autrement que tous les humains, et je ne trouvais rien de plus flatteur que d'être considéré dans le monde comme un esprit assez fort pour s'élever contre la croyance commune de tous les hommes et de tous les siècles.

MOI.

N'avais-tu pas un autre motif que l'orgueil, pour embrasser l'athéisme?

LE SPECTRE.

Oui.

MOI.

Quel était ce motif? Dis la vérité.

LE SPECTRE.

La vérité!... sans doute je la dirai; car il m'est impossible, dans l'ordre de choses où j'existe, de la combattre ou de la dissimuler.

MOI.

Dis donc la vérité.

LE SPECTRE.

Comme tous mes semblables, je naquis avec le sentiment de l'existence d'un Dieu auteur et principe de tous les êtres. Ce sentiment, qui n'était d'abord qu'un germe où mon esprit ne découvrait rien, se développa peu à peu; et quand j'eus atteint l'âge de la raison, et acquis la faculté de réfléchir, je n'eus aucun effort à faire pour m'y livrer. Combien les leçons de mes parens et de mes maîtres me plaisaient, quand Dieu et ses perfections infinies en étaient le sujet! Comme le spectacle de la nature m'enchantait, et quelle douce satisfaction j'éprouvais quand on me parlait de ce grand Dieu qui a tout créé par sa puissance, soutient, gouverne et conserve tout par sa sagesse!

Cependant je parvins à l'adolescence, et les passions commencèrent à me faire entendre leur voix séductrice : Je formai des liaisons avec des jeunes gens de mon âge; je suivis leurs funestes conseils, et je me conformai à leurs dangereux exemples. Entré dans le monde avec ces coupables dispositions, je ne pensai plus qu'à leur faire le sacrifice de tous les principes de vertu et de sagesse que l'on m'avait d'abord inspirés. Ces principes, chaque jour attaqués par mes passions, se réfugièrent dans le fond de ma conscience, et s'y changèrent en remords. Ces remords ne me laissant aucun repos, je résolus d'anéantir, autant qu'il était en moi, la cause qui les avait fait naître. Je trouvai que cette cause n'était autre chose que l'idée d'un Dieu rémunérateur de la vertu et vengeur du crime; et je l'attaquai avec tous les sophismes que mon esprit put inventer, ou découvrir dans les ouvrages destinés à étendre la doctrine de l'athéisme.

MOI.

Devins-tu plus tranquille quand tu eus entassé sophismes sur sophismes contre l'existence de Dieu?

LE SPECTRE

J'avais beau faire, le repos me fuyait

sans cesse; j'étais convaincu malgré moi, et quoique ma bouche ne prononçât pas une parole qui ne fût un blasphême, je n'avais pas un sentiment qui ne combattît contre moi en faveur de Dieu.

MOI.

Que se passa-t-il en toi pendant la maladie dont tu mourus?

LE SPECTRE.

Je voulus soutenir jusqu'à la fin le caractère d'esprit fort, et l'orgueil m'empêchait de faire l'aveu de mon erreur, quoique j'en sentisse intérieurement la pressante nécessité. Ce fut dans cette criminelle et fausse disposition que je cessai d'exister.

MOI.

Que t'arriva-t-il quand tes yeux se furent pour toujours fermés à la lumière?

LE SPECTRE.

Je me trouvai tout investi de la majesté de Dieu, et je fus saisi d'une terreur si profonde, que je n'ai aucun terme qui puisse t'en donner une juste idée. Je m'attendais bien à être rigoureusement puni ; mais le souverain juge dont la miséricorde adoucit la justice, me relégua dans une ténébreuse région habitée par les esprits qui eurent des mains innocentes et un cerveau malade.

MOI.

Quel est le sort des athées qui commirent des crimes envers la société de leurs semblables ?

LE SPECTRE.

L'Être des êtres les punit pour avoir été méchans, et non pour s'être trompés ; car il méprise les opinions, et ne récompense ou ne punit que les actions.

MOI.

Tu n'es donc pas puni dans le séjour ténébreux où tu es exilé ?

LE SPECTRE.

J'y subis une peine plus cruelle que tu ne peux l'imaginer. Dieu, après m'avoir condamné, s'éloigna de moi; et aussitôt je perdis toute idée de son existence, et le néant se présenta devant moi dans toute son horreur.

MOI.

Quoi! tu perdis entièrement l'idée de l'existence de Dieu?

LE SPECTRE.

Oui. C'est le plus grand supplice qu'un esprit immortel puisse endurer, et rien ne peut faire concevoir l'état d'abandon, de douleur et de désordre dans lequel il se trouve.

MOI.

Quelle est donc ton occupation avec les esprits livrés au même supplice?

LE SPECTRE.

Nous nous disputons sans cesse, sans pouvoir nous entendre; la déraison et la folie président à tous nos débats; et dans la profonde obscurité où notre intelligence se trouve ensevelie, il n'est aucune opinion, aucun système qu'elle n'adopte, pour les rejeter bientôt et concevoir de nouvelles extravagances. C'est dans l'agitation perpétuelle de ce flux et reflux d'idées sans fondement, sans suite, sans liaison, que consiste le châtiment des philosophes qui furent des athées.

MOI.

Tu raisonnes pourtant dans ce moment-ci.

LE SPECTRE.

C'est parce que mon supplice va bientôt finir. Il a été bien long, ce supplice; car, quoique l'on ne compte sur la terre que deux années depuis ma mort, j'ai tellement souffert de toutes les folies que j'ai dites et entendues, qu'il me semble avoir déjà passé des milliers de siècles dans la région des systèmes et des disputes.

Quand le spectre eut ainsi parlé, il s'inclina, adora Dieu, et disparut.

CHAPITRE XI.

Réflexions au sujet du Spectre. Le Champ du Reposre çoit les morts de toutes les religions. Réflexions à ce sujet.

QUAND je me fus remis de l'émotion que ce que je venais de voir et d'entendre m'avait causée, je me levai et je recommençai à parcourir les inscriptions, dont le clair de la lune me permettait de lire les caractères: mais j'étais encore mal assuré, et à peine eus-je fait quelques pas, que j'éprouvai le besoin de m'asseoir et de méditer. Combien le moment était favorable à la pensée! Il était minuit; la lune, au milieu de sa carrière, répandait sur toute l'étendue du champ funèbre, le pâle éclat de ses rayons; le vent retenait son haleine, et ne balançait plus le sommet des peupliers, dont le feuillage avait perdu sa mobilité et ses accens; et le sommeil de la nature, d'accord avec le trépas, avait établi sur les mausolées une tranquillité semblable à celle qui régnait dans leur sein.

Mes pensées se reportèrent d'elles-mêmes vers les choses étonnantes que le spectre m'avait apprises. Ce qu'il m'a dit du premier Être, répond-il à l'idée qu'un si grand nombre d'hommes s'en sont formée? Que viens-je d'entendre? Quoi! l'athée lui-même, l'horreur de ses semblables, finit par trouver grâce aux yeux de cette Divinité que l'on me représente comme une nature vindicative et jalouse! Eh! qui osera maintenant me dire: si tu n'adoptes pas telle ou telle opinion, tu seras condamné à d'éternels supplices? Quel barbare osera dire: Hors de ma communion, il n'est point de salut? Être incompréhensible et tout miséricordieux, as-tu chargé quelqu'un du soin de te venger? Est-ce à une vile créature qu'il appartient de dire à ses semblables: pensez-comme moi, ou soyez à jamais malheureux ? Quelles limites, grand Dieu! pouvons-nous, êtres bornés que nous sommes fixer à ta clémence et à ta justice ? et de quel droit te dirai-je ? ici tu récompenseras, là tu puniras ? Répondez, ô morts qui gisez dans cette poussière! vous fut-il possible d'avoir tous la croyance dans laquelle je suis né ? Vos intelligences furent-elles toutes également frappées des preuves qui établissent les mystères que j'adore et les dogmes que je crois ? Eh! comment les degrés d'une croyance seroient-ils partout les mêmes, ainsi que les degrés de conviction ? Homme intolérant et cruel, viens, si tu en as le courage, t'asseoir à mon côté, et ose dire aux victimes de la mort dont je suis venu écouter les leçons, ose leur dire : vous êtes ici quarante mille; eh bien, il n'en est que dix, que cinquante, que cent, parmi vous, que le Dieu vengeur n'a pas dévouées aux flammes éternelles!

Si ce discours n'était pas d'un insensé, à quoi donc servirait la religion des tombeaux? Pourquoi devrais-je respecter les cendres de ceux qui n'adorèrent pas le grand Être à ma manière? Est-ce dans cette enceinte où les ennemis de ma croyance reposent, confondus avec ses sectateurs, que je pourrais entendre les leçons de la véritable sagesse? et de quelle impiété je me rendrais coupable en communiquant avec des intelligences réprouvées, aux dépouilles desquelles je viens rendre un hommage inspiré par la religion comme par l'humanité!

Honneur et reconnaissance au sage gouvernement qui a détruit cette honteuse et sacrilège muraille de séparation que l'intolérance avait élevée entre les morts et les morts, entre les tombeaux et les tombeaux! Il savait bien que tous ceux à qui la nature n'a plus de tribut à demander, eurent la même origine, adorèrent la même Divinité, furent éclairés des lumières de la même raison, obéirent aux lois de la même nature, supportèrent les mêmes peines, goûtèrent les mêmes plaisirs, et eurent la même fin comme ils avaient eu le même commencement: c'est pourquoi il a voulu confondre dans le même asile comme dans les mêmes hommages des belles âmes et des cœurs vraiment religieux, les restes de ceux qui avaient eu les mêmes destinées.

A la bonne heure, que les persécuteurs et les oppresseurs de leurs semblables; que tous ceux qui portèrent la désolation dans les empires, dans les campagnes, dans les villes, dans les familles; qui se plurent à faire répandre les larmes de la douleur et du désespoir, et à tremper leurs mains dans le sang des hommes, soient maudits jusqu'au fond de leurs sépulcres, si les vautours n'ont pas dévoré leurs ossemens! que les malédictions de tous les mortels, répétées de siècle en siècle, retentissent jusqu'au séjour affreux où sans doute la suprême justice les a placés! mais que le mortel paisible, doux et compatissant, image vénérable de l'Être infiniment bon, ne soit pas puni pour avoir eu d'autres idées que moi, et sur des matières incompréhensibles, un langage différent du mien !

A peine cette réflexion était-elle achevée, qu'un vent léger s'éleva, et agita doucement les feuilles de l'arbre sous lequel j'étais assis. Un charme inconnu se répandit dans mon âme; j'étais heureux et satisfait des idées philantropiques que la méditation m'avait fait naître; et il me semblait que les intelligences dont j'avais intérieurement défendu la cause, accourussent pour me remercier au nom de celles que la vie expose encore à la haine des intolérans de toutes les sectes et de tous les pays.

CHAPITRE XII.

Je commence la visite des Tombeaux.
M^r. et Mme. Larmoyer.

Animé d'un nouveau courage, je me levai, et me mis à gravir l'escarpement qui sépare le vallon de l'éminence destinée aux nouvelles sépultures. Comme le fossoyeur, asservi aux volontés des parens ou des amis des morts, n'a suivi aucun ordre dans leur placement, je crus devoir me conformer à ses dispositions, après avoir attentivement examiné quelques-uns des tombeaux qui avoisinent la porte.

Ce fut donc vers ce côté que je portai mes pas, malgré l'aspect d'un cerbère qui, s'il n'eût été endormi, auroit par ses hurlemens donné l'alarme à tout le voisinage. Plus heureux qu'Énée, je n'eus besoin d'aucun gâteau pour adoucir le monstre, qui dort souvent comme s'il savait qu'il n'a aucun trésor à garder, et que nul de ceux qui habitent les sépulcres ne peut en sortir pour retourner dans la société des vivans.

Le premier monument qui attira mes regards, est à gauche, en entrant, et près de la porte. C'est un mausolée décoré sur le devant d'un bas-relief, et sur le derrière, d'une inscription en lettres dorées, sur un fond noir. Ce fut la tendre épouse de M. Larmoyer qui le fit élever à cet époux chéri, qu'une mort imprévue lui ravit à l'âge de quarante ans.

Le bas-relief représente M. Larmoyer étendu sur son lit de mort, au pied duquel on voit un génie qui de la main droite tient une couronne, et de la gauche un flambeau renversé. Au chevet, on voit Mme. Larmoyer entourée de ses quatre enfans, trois garçons et une fille. La plus vive douleur est peinte sur son beau visage ; derrière elle, sa fille âgée de neuf ans, à genoux, lève les yeux et les mains au ciel ; et ses trois garçons, dans un âge encore tendre expriment, à leur manière les sentimens dont ils sont pénétrés. Ce bas-relief qui est fort touchant, est d'une belle exécution.

Derrière le monument, et sur le côté opposé au bas-relief, on lit ces vers que la critique doit respecter; car la critique n'a pas accès dans le champ de la Mort, où le sentiment, exprimé de quelque manière que ce soit, ne doit trouver que des cœurs sensibles et ne mériter que des éloges.

La parque inflexible et jalouse,
Sourde à tous nos gémissemens,
Ravit l'époux à son épouse,
Ravit le père à ses enfans.
Malgré l'amour qui le protège,
L'irrévocable arrêt du sort
L'entraîne, avec un noir cortège
Du lit d'hymen au lit de mort.

Sans doute le Ciel devait ajouter aux jours de la tendre épouse de M. Larmoyer, les jours qu'il avait ravis à ce jeune père de famille : mais, ô fatale destinée ! cette femme inconsolable n'a pas survécu un lustre à la moitié d'elle même ! elle et sa fille sont aujourd'hui ensevelies dans l'enceinte qu'elles arrosèrent sans doute plusieurs fois de leurs larmes, et elles attendent aussi une inscription qui atteste leurs excellentes qualités et la cause de leur trépas.

Jeunes orphelins, conservez à jamais le souvenir de vos vertueux et infortunés parens, et puissiez-vous leur élever au fond de vos cœurs un monument plus durable que celui qui me retrace vos malheurs !

CHAPITRE XIII.

Jeunes Époux, jeunes Épouses. Jeunes Garçons, jeunes Filles.

La multitude des tombeaux ne me laisse aucun choix à faire. Où la mort a tout confondu, l'homme n'a aucun ordre à suivre. Je me détourne à droite, et j'aperçois une enceinte ombragée de peupliers et de cyprès. Au milieu de cette enceinte s'élève une vaste pierre sur le fronton de laquelle je remarque une étoile entourée d'une couronne, symbole de l'éternité. Plus bas, je ls ces mots :

CI-GIT

Antoine-Claude-Victor Duboeuf, mort à l'âge de 34 ans.

Il vit dans le cœur de ses parens et de ses amis.

C'était un jeune homme encore dans l'âge des passions et dans toute la vigueur de la santé; ses parens le chérissaient; il avait des amis; il était donc vertueux! Si sa mémoire est dans le cœur de ses semblables, sans doute son intelligence est dans le sein de Dieu. Que renferme donc la terre qui reçut sa dépouille?

~~~~~~~~~

CI-GIT

Henriette-Félicité BÉLORGEY, âgée de 19 ans.

Elle fut chaste et modeste;
Sa vertu honora son sexe, et fit le bonheur
de son père.

Père infortuné, auras-tu assez de larmes pour pleurer cette perte irréparable? Père vraiment orphelin, as-tu une autre fille qui puisse essuyer tes pleurs, et te consoler dans les jours de ta vieillesse?

~~~~~~~~~

Non loin de cette jeune vierge, repose

Louise-Fanie de PONTALBA, âgée de vingt-trois ans.

Quand j'écris ce nom, un père et une mère inconsolables, se réveillent peut être en prononçant le nom de celle qui le porta. Ils soupirent, des larmes s'échappent de leurs yeux, et ils adressent à l'Eternel une touchante prière pour l'immortel bonheur de leur fille bien-aimée.

~~~~~~~~~~

Françoise-Geneviève VARNIER, morte âgée de quarante-deux ans.

O toi, le modèle des mères,
puissent les pleurs de tes enfans
pénétrer jusqu'à ton cœur !

Tendres enfans, oui, le cœur de votre mère reçoit vos larmes ; il se ranime, tout poudre qu'il est, et son esprit vous invite à suivre ses leçons et à imiter ses vertus.

~~~~~~~~~~

Je cherche le tombeau de Greuze ; j'écarte le feuillage qui le couvre tout entier; je me prosterne, et quelques lettres de son nom m'apparaissent avec peine à travers la mousse qui le dérobe à mes regards. Peintre du sentiment et de la vertu, ta pierre sépulcrale disparaîtra sous les débris des plantes et des arbustes destinés à la faire remarquer; mais ta mémoire ne périra jamais, et tes chefs-d'œuvre admirés d'âge en âge, sont un monument plus durable que de faibles caractères que le temps efface, et que les cyprès mêmes détruisent.

~~~~~~

Et toi, Fragonard, peintre ingénieux et délicat de l'Amour et des Grâces, un humble monument, revêtu d'une modeste inscription, rappele ton souvenir à tes nombreux admirateurs. Que ta cendre ne soit pas étonnée d'être couverte d'une simple tombe! ta renommée n'a pas besoin d'un monument qui n'ajouterait rien à son éclat.

Près du tombeau de ce célèbre artiste, il en est un sur lequel je lus d'abord ces mots effrayans, *général de division d'artillerie*, qui me rappelèrent ces jeux sanglans que l'on nomme batailles, où le bronze meurtrier fait périr en un seul jour plus d'hommes que le plus vaste empire n'en voit naître en plusieurs années. Je fus d'abord tenté de passer outre; mais le nom de d'Urtubie ayant frappé mes regards, je voulus lire toute l'inscription, et les vers suivans qui prouvent que la bonté de son cœur n'avait point été en harmonie avec son talent pour commander des guerriers et ordonner les instrumens de la destruction :

Il dirigea long-tems les foudres de la guerre;
  Il étendit son art, et pleura ses succès;
    Et sa mort, de longs regrets,
A ses nombreux amis, ouvre une source amère.

J'ai ajouté *à ses nombreux amis*, pour le complément de la pensée et l'harmonie des vers.

AU

AU PHILOSOPHE.

Cette inscription excite ma curiosité; je m'approche, et j'en aperçois une autre au-dessous, qui m'apprend que ce philosophe s'appelait *Delaterre* ; qu'il eut des ennemis, qu'il en fut persécuté, et qu'un ami lui a érigé ce monument, avec l'espérance que sa cendre n'y sera point troublée, et que la haine que l'on eut pour sa personne, viendra expirer sur son tombeau.

Au philosophe! quelle autre inscription aurait-on pu mettre sur la tombe de Socrate ou de Marc-Aurèle ?

Au philosophe! Si cet homme fut *un sage*, pourquoi cette pompeuse inscription ? et s'il ne fut qu'un homme à systêmes, pourquoi fut-il persécuté ?

Au philosophe! qu'elle idée fait naître cette inscription à l'observateur religieux, quand le hazard la lui présente ?

CHAPITRE XIV.

Je continue de lire les Inscriptions des Tombeaux.

J'avance de circuits en circuits, et après avoir laissé plusieurs tombes dont les inscriptions, ou communes ou illisibles, ne devaient ou ne pouvaient être attentivement examinées, je m'arrête à celle-ci, sur laquelle je lis cet éloge si beau dans sa simplicité :

    Elle fut bonne fille,

    Bonne épouse,

    Bonne mère.

Il est malheureux que je n'aie pas retenu le nom de la femme qui a mérité d'être ainsi louée; si la date de sa mort n'était pas gravée sur sa tombe, pourrait-on penser qu'elle a vécu de nos jours? Il est donc encore, au milieu de la corruption générale, des femmes qui retracent la pureté des anciennes mœurs? Mais pourquoi leur existence n'est-elle constatée qu'au champ du trépas, et par les inscriptions des sépulcres? Ah! sans doute ces femmes sublimes, dont le monde n'est pas digne, aussi modestes qu'elles sont vertueuses, ne sortent point de l'enceinte de leur famille, et ne veulent être connues que de la Divinité et de leur époux.

Quelle magnifique oraison funèbre que ces trois lignes! et c'est une femme de trente ans qui a mérité d'en être le sujet.

ICI REPOSE

Anne-Louise LE CŒUR, décédée à l'âge de vingt-trois ans.

Encore une jeune femme! Filles imprudentes, femmes légères, réfléchissez! La tombe est ouverte au milieu de la route où vous marchez sous l'enseigne des plaisirs.

CI-GIT

Madame Zéphirine DE MÉAT, morte âgée de vingt et un an.

Pleurez, enfans soumis; pleurez, femmes fidèles;
Amies, mères, sœurs, pleurez; de vos vertus,
La mort a d'un seul coup détruit tous les modèles;
ZÉPHIRINE n'existe plus.

Encore une jeune épouse.

~~~~~~

ICI REPOSE

Élisabeth-Eulalie DURAND, douée d'une figure céleste; elle avait quatorze ans.

Hélas! il n'est donc que trop vrai que le trépas ne respecte ni la jeunesse ni la beauté! c'est une tempête qui enlève ou détruit tout ce qu'elle rencontre sur son passage. Pourquoi le faible arbuste a-t-il été déraciné au moment où ses fleurs allaient éclore, et offrir à ceux qui l'avaient planté, la douce espérance des fruits qui devaient les remplacer?

Et rose elle a vécu ce que vivent les roses,
 l'espace d'un matin. MATH.

ÉPITAPHE

De Marie-Thierri LE BEL, v^e. Delisle, composée par son fils.

Son fils, en la perdant, perd sa félicité;
Il ne lui reste plus que son exemple à suivre!
Ce modèle accompli de vertu, d'équité,
 Ne paya, qu'en cessant de vivre,
  Son tribut à l'humanité.

Sur une pierre perpendiculairement placée contre le mur qui fait face à l'ouest on lit cette modeste inscription :

CI-GIT

Monsieur MOUNIER, Conseiller d'État

C'est donc là que reposent les restes de cet excellent citoyen dont le nom vivra aussi long-tems que celui de la véritable liberté qu'il défendit avec tant de lumières et de courage ! Encore deux ou trois noms comme celui-là, et nous lirons sur les tombeaux l'histoire de cette Assemblée constituante qui, par son imprévoyance et sa faiblesse, ouvrit la porte à tous les crimes en voulant la fermer à tous les abus.

~~~~~~~~

Sur une pierre horizontale, e t gravée cette courte inscription !

ICI REPOSE

Monsieur A DANSON.

Quel est cet Adanson ? Si c'est le savant botaniste, qui nous montra les plantes réunies en familles, pourquoi ce titre de *Monsieur?* Les Suédois l'ont-ils gravé sur la tombe de Linnée ? Ne dirait-on pas que c'est le valet de chambre d'Adanson qui a fait les frais du monument ?

CHAPITRE XV.

Jeune Père de famille. Jeune Mère et son jeune Fils.

Quelle est cette pierre adossée à la muraille du côté où le soleil se lève, et que la lune n'éclaire que de profil? Je m'approche, et je lis: Jeunes époux, tendres épouses, écoutez et gémissez !

ICI REPOSE

Barthelemi-Pierre LECOULTEULX, de Rouen, mort à Paris, le 16 septembre 1805, âgé de trente-sept ans.

La vie de ce jeune Père de famille retrace les antiques vertus de nos aïeux ! il en avait les mœurs.

Cette pierre couvre sa dépouille mortelle.

Son oncle,

le Sénateur Lecouteulx de Canteleu,

Sa sœur,

Aimée Lecouteulx, Geoffroi d'Assy,

l'ont fait placer,

pour indiquer

à Louise-Foache Lecouteulx, son épouse,

A Zoé,
Louise,
Aimée,
Clémence,
} Lecouteulx, ses filles.

Antoine,
Hubert-Ernest
} Lecouteulx, ses fils.

Où est la cendre sur laquelle il peuvent laisser

couler leurs larmes,

où est la terre qui doit tressaillir

au son de leur voix.

Combien ces dernières paroles sont sentimentales et touchantes ! Comme elles expriment bien les rapports de tendresse que la nature a établis entre un père et ses enfans, et la grandeur de la perte que font ceux-ci quand le trépas leur a ravi celui qui leur avait donné le jour ! Il n'y a point là de déclamation sur les bonnes qualités du mort : tout est dit en ce peu de mots ! *Sa vie retrace les antiques vertus de nos* aïeux. Quelles étoient les vertus ? c'est au lecteur à se les rappeler, et à se dire ensuite ! Ce jeune père de famille était religieux, sage, économe, fidèle à tous ses devoirs de citoyen, de père, d'époux et d'ami.

~~~~~~~~~

Sur une tombe horizontale, je lis cette inscription.

ICI REPOSENT

| Albert-Marie JULIEN, décédé 1er. février 1807, âgé de 17 ans. Il n'a pu résister au chagrin de voir sa mère attaquée d'une maladie incurable. | Marie-Marguerite CHAULOT, épouse de P. E. J. Julien, décédée le 5 février 1807, âgée de 38 ans, la meilleure des épouses et des mères. |

A l'insu l'un de l'autre ils quittèrent la vie;
Pour sa mère, le fils descendit au tombeau,
Et pour récompenser un exemple aussi beau,
A son fils bien aimé le Ciel l'a réunie.
La mort même craignant de séparer leur cendre,
Presque d'un même coup les frappa tous les
       deux.
Dans la tombe emportant leurs vertus et nos
       vœux,
Ils ne nous ont laissé que des pleurs à répandre.

Heureux fils, heureuse mère! qu'eussiez vous fait! hélas, sur la terre, l'un séparé de l'autre? que traîner une vie languissante dans les regrets et dans les larmes. Mais quels coups terribles pour un époux et pour un père, que ce double trépas! Qui pourra jamais le consoler, quand tout ce qui l'attachait à la vie est renfermé dans le même tombeau?

~~~~~

Sur le contour d'une colonne tronquée, on lit cette épitaphe :

CI-GIT

Marie-Philippe-Claude DUNKEL, épouse de M. A. L. Delessert, née le 30 juin 1780, mariée le 3 juin 1805, morte le 4 septembre 1805.

Elle n'avait que vingt-quatre ans, et trois mois seulement se sont écoulés entre son hymen et sa mort!

~~~~~

Mortel qui visites ces tombeaux,
Arrête-toi, et lis :

ICI REPOSENT LES CENDRES

De Marie-Adélaide-Yacinthe BER-
THAUMT, née à Paris, le 25 mars 1790,
et décédée le 5 juillet 1805.

C'est une jeune vierge de quinze ans,
elle était belle, et son innocence l'a suivie au tombeau. O Providence ! pourquoi
laisses-tu vivre les méchans, et ne fais-
tu souvent que montrer à la terre l'aimable et vertueuse créature qui en aurait été l'exemple et l'ornement ?

Sur un marbre blanc, au contour supérieur du quel est sculptée une couronne de roses, une inscription du même
genre frappe mes regards attendris.

CI-GIT

Louise-Éléonore-Victore GRUBLIER,

de Saint-Ciran, née le 22 décembre 1787, décédée le 31 mars 1805.

Dans ce tombeau qu'éleva ma douleur,
Repose pour toujours une fille accomplie.
Elle a fait, dix-huit ans, le charme de ma vie,
La mort! en la frappant, m'a ravi le bonheur.

Amour, Amour, lève-toi, et s'il est vrai que tu es plus fort que le trépas, empêche qu'il ne te ravisse les plus aimables sujets de ton empire!

CI-GIT

A. L. H. Adolphe de BAZIN, décédé âgé de dix-sept ans.

Il fut de ses parens et l'idole et la gloire
Fier de plus d'un laurier justement mérité,
A peine adolescent, dans la tombe jeté,
 Il s'élança du temple de mémoire
  Dans le sein de l'éternité.

Que d'espérances englouties dans la

tombe de cet intéressant jeune homme! quel triste souvenir qui ne s'effacera jamais!

Ne peut-on pas lui appliquer ces belles paroles de l'Écriture?

» Il a vécu un grand nombre de jours,
» quoiqu'il ait été enlevé au commence-
» ment de sa carrière ». Ecclés.

CHAPITRE XVI.

Epitaphium omni sculpturæ ornamento destitutum.

HIC REQUIESCIT

Georgius-Renatus PLEVILLE-LE PELLEY, Grandivillæ natus, anno 1726, die junii 26, mortuus Parisiis, anno Reipublicæ 14, die vend. 10, octogesimum annum agens.

Vir verè vir,
bonus pater,
inter cives amore patriæ et integritate morum,
fide in amicos usque tutâ et probatâ,
inter milites fortitudine ac vulneribus;
dextro crure, primùm suo,
bis deindè ligneo truncato per prælia,
insigniter commendabilis;
quem Angli hostes,
seu ducem de navibus bellicis,
per maria omnia tonantem,

seu legatum de pace fœderibusque tractantem,
pertimuerunt:
quem Angli naufragantes,
procellosis Massiliæ littoribus,
servatorem impavidum benè experti,
obstupuerunt;
quo Respublica nostra,
coloniarum et rei navalis ministro,
incorrupto, providenti, strenuo
gloriatur;
quem Senatus gallicus,
deliberantem voventem que,
quasi Nestor suum audivit.
Cui modesto pie memores,
humilem hunc lapidem, eheu! periturum,
exstruxere,
filia, gener, neptes, nepotes, propinqui et amici
lugentes insolabiliter.

Voici la traduction de cette épitaphe, qui n'est accompagnée d'aucun ornement de sculpture.

ICI REPOSE

George-Réné PLEVILLE LE PELLEY, né

à Granville, en 1726, les 26 du mois de juin, mort à Paris, le 10 vend. an XIV de la République, âgé de quatre-vingts ans.

Homme vraiment homme,
bon père,
citoyen infiniment recommandable
par son amour pour sa patrie,
par la pureté de ses mœurs,
par un attachement à toute épreuve
pour ses amis :
guerrier illustre par sa valeur,
et par ses blessures ;
il eut la jambe droite emportée
dans un combat ;
et la jambe de bois qui la remplaça,
éprouva ensuite le même sort.
Les Anglais le redoutaient également,
soit qu'il parcourût les mers en lançant
les foudres de la guerre,
soit qu'il traitât avec eux des conditions
de la paix,
Ces mêmes Anglais qui avaient éprouvé sa

valeur, admirèrent son humanité
quand, près de faire naufrage,
ils furent poussés par la tempête
sur les côtes de Marseille.
Le gouvernement se glorifie
d'avoir eu en sa personne,
un ministre des colonies et de la marine,
incorruptible, prévoyant, courageux.
Le Sénat français l'écoutait comme
un autre Nestor,
soit qu'il délibérât, soit qu'il émît son vœu.

Sa fille, son gendre, ses petits-enfans,
ses neveux ses autres parens et amis,
inconsolables de sa mort,
lui ont élevé cet humble monument;
Qui, hélas! ne doit pas toujours subsister.

~~~~

Quel est ce sanctuaire que j'aperçois à l'extrémité de la plate-forme dont je visite les tombeaux? Je m'en approche; la porte de la balustrade qui l'entoure est entr'ouverte; j'entre. Quelle est ma surprise! Est-ce un temple de la mort, où le séjour du printems? Hélas! la verdure elle-même y annonce la tristesse; et les acacias et les platanes qui jaunissent, et les fleurs des arbustes qui se flétrissent, et les sombres nuances des peupliers et des cyprès, et le paisible éclat des fleurs automnales dont la terre est jonchée, m'avertiraient que je foule une dépouille humaine, quand même je n'apercevrais pas à travers le feuillage, un mausolée et des colonnes qui supportent des urnes funéraires. O Lune! je t'invoque : ou retarde ta course silencieuse, ou laisse parvenir à moi quelques-uns de tes rayons dont les nuages se disposent à me ravir la lumière. Je suis exaucé, ces importuns nuages se sont écartés de leur route; et comme s'il applaudissait à mes tristes méditations, l'astre des nuits semble s'arrêter et m'envoyer des rayons plus nombreux et plus éclatans.

Contre la muraille, au nord, s'élève un tombeau surmonté d'une pyramide plate, façon de porphyre. Au-dessous du tombeau, et contre cette pyramide, est assis un génie de marbre blanc, qui de la main droite tient un flambeau renversé, et de la gauche un linge avec lequel il essuie ses larmes. A chacun des côtés du mausolée, on voit une colonne de marbre transparent qui supporte une urne de marbre blanc. Sur le contour de la colonne à gauche, on lit les noms et l'âge de la jeune femme à la mémoire de laquelle ce monument a été élevé ; cette jeune victime du trépas est Mlle. Muraire, épouse de M. de Cazes, morte à l'âge de seize ans, après six mois de mariage.

Sur un marbre blanc qui couvre le devant du mausolée, sont gravés, et l'éloge de cette jeune épouse, et les justes regrets de son tendre et malheureux époux.

Orateurs et philosophes moralistes, vos leçons sont-elles aussi éloquentes que le langage de ce mausolée? Quoi donc! la tombe n'est-elle plus ouverte qu'à la jeunesse? les grâces sont-elles destinées à combler le Champ du Repos? De quelque côté que je porte mes pas et mes regards, je ne rencontre que de jeunes victimes! Ce ne sont plus que les jeunes garçons, les jeunes vierges, les jeunes épouses qui forment le lugubre cortége du trépas. Ministres de la religion, ministres de la santé, vous tonnez en vain contre les dangers et l'abus des plaisirs; n'entendez-vous pas le sexe, aussi aveugle qu'il est faible, vous accuser d'une ridicule et excessive rigueur? C'est à moi qu'il appartient de l'instruire et de l'effrayer, parce que je lui parle le langage du cercueil, et que je lui montre la tombe que lui ouvrent chaque jour ses fêtes, ses plaisirs, ses modes, son luxe, son insouciance, et peut-être ses excès.

Pourquoi les femmes de la classe laborieuse sont-elles exemptes, la plupart, des infirmités qui assiégent l'existence des femmes opulentes ou aisées? N'en cherchons pas la cause ailleurs, que dans la vie réglée qu'elles mènent, et dans l'habitude où elles sont de se couvrir ces parties du corps dont la délicatesse une fois offensée donne une mort aussi cruelle que prématurée. Que l'on consulte les tables mortuaires de l'état civil; ce ne sera qu'avec effroi que l'on y apprendra que c'est dans les classes les plus aisées, que la dépopulation exerce le plus de ravages; et que si la société se soutient parmi nous, le gouvernement en est redevable aux familles plébéiennes, dont un reste d'anciennes mœurs maintient l'existence et favorise la propagation.

CHAPITRE XVII.

Le Vallon.

Après avoir parcouru une partie des tombeaux qui couvrent l'esplanade dans presque toutes ses dimensions, j'aurais bien voulu visiter ceux qui remplissent le vallon; mais comme un grand nombre des inscriptions sont ou effacées ou sur le point de l'être, et que le feuillage des saules et des peupliers interceptait les rayons lunaires, je résolus de suspendre ma promenade, je m'assis sur une tombe d'où je ne pouvais être aperçu, et je me mis à rêver sur les différentes inscriptions que j'avais lues : mais le sommeil, cet ami et cette image du trépas, vint bientôt appesantir mes paupières, et ne me quitta qu'au moment où le bruit de la porte qui s'ouvrait, vint frapper mes oreilles. Il était grand jour. Comme la porte resta ouverte, je profitai de l'occasion pour m'échapper, avec la résolution de revenir, le lendemain, achever mon voyage et mes observations.

Je passai une partie de la journée à rédiger le journal de ma nuit, et l'autre à réfléchir sur le néant de ce que nous appelons la vie et le bonheur.

Le lendemain, je me mis en route de bonne heure, afin d'avoir le tems nécessaire pour visiter les sépulcres du vallon, avant le coucher du soleil. Quand j'arrivai à la barrière, le premier objet qui frappa mes regards, fut le convoi d'une jeune personne; car le drap mortuaire était blanc, et une couronne de roses pâles était attachée à la partie supérieure du cercueil. Je suivis le cortége, comme j'avais fait la veille, et j'entrai avec lui dans le Champ du Repos.

Quand la cérémonie de l'inhumation fut achevée, et que tout le monde se fut retiré, je m'approchai du fossoyeur, et le priai de me permettre de passer quelques heures dans son domaine. Il fut plus honnête que je ne m'y attendais, et même il voulut bien m'indiquer les endroits du vallon où je trouverais les plus beaux monumens.

Que l'on se fasse une idée de la triste et pénible nuit que j'avais passée la veille, et l'on pourra se représenter la joie que j'éprouvai, après avoir obtenu la permission de lire à mon aise toutes les inscriptions, et la facilité de les écrire sans craindre de me tromper. Je descendis donc dans ce vallon des larmes, où reposent es objets de la douleur et des regrets d'un si grand nombre de familles. Comme toutes les tombes y sont placées confusément, je ne voulus m'astreindre à aucun ordre, et je suivis la même marche que j'avais observée sur l'esplanade, avec cette différence, néanmoins, que je n'avais pas besoin de m'étendre sur les pierres sépulcrales, et d'en approcher les yeux de trop près, pour en déchiffrer les inscriptions.

CHAP.

CHAPITRE XVIII.

Tombeau et épitaphe d'Adrienne Chameroy.

Quelle est cette tombe élevée au-dessus de toutes celles qui l'environnent, et cette pierre sépulcrale qui s'élève au dessus de cette tombe ? Je m'approche et je lis:

ICI REPOSE

Adrienne Chameroy, décédée le 23 vendémiaire an XI, à midi, à l'âge de vingt-trois ans.

Les vers suivans sont gravés sur la pierre sépulcrale :

    Toi, que regrettent tant de cœurs,
Des pleurs de tous les arts vois ta tombe arrosée;
Au matin de tes ans la mort t'a renversée :
    Tout murmure de ses rigueurs.
Mais les Grâces t'aimaient. En cor dans l'Élysée,
Elles aiment ton ombre, et lui jettent des fleurs.

F**.

5

C'est donc sous ce froid monument que repose ce corps à qui la nature avait prodigué tant de charmes, dont les yeux avaient une expression si vive et si touchante, dont les mouvemens étaient si gracieux, si flexibles, si voluptueux ; dont la légèreté comparable à celle de Zéphyre, savait obéir aux préceptes les plus difficiles de l'art, en paraissant s'affranchir des lois et sortir des limites de la nature! C'est là que repose seule cette jeune merveille dont, naguères, les Amours et les Grâces formaient le brillant cortége, comme si elle eût été leur souveraine! Hélas! quelle triste solitude l'environne aujourd'hui! et si son intelligence m'aperçoit, un crayon et des tablettes à la main, quelle différence elle trouve entre le voyageur mélancolique qui gémit sur sa tombe, et les nombreux admirateurs qui lui décernaient des couronnes! O mort, que tes pensées ressemblent peu à celles des vivans! Pourquoi ravir aux plaisirs, à la fortune, à l'admiration publique, ces rares créatures que le ciel paraît n'avoir produites que pour charmer les douleurs et faire les délices de leurs semblables? et pourquoi laisses-tu long-tems végéter dans une honteuse existence ces êtres malfaisans dont les mauvaises qualités de l'âme et du corps inspirent l'aversion, le dégoût et la haine de quiconque ou les connaît, ou les approche?

Sur une pierre adossée contre la muraille du nord, on lit cette épitaphe, et les vers qui suivent :

CI-GIT

Thomine Mars, épouse de J. B. Bacoffe, décédée à Paris, âgée de dix-neuf ans.

Epouse et mère à peine en son aurore,
Le trépas la ravit à l'époux qui l'adore.
Hélas! de cet époux, dont la vive douleur
  Lui consacre à jamais ses larmes,
  Elle eût long-tems fait le bonheur,
Si la vertu, la candeur et les charmes
Avaient pu du destin désarmer la rigueur.

*

Quelle aimable, belle, bonne et nombreuse compagnie est ici ensevelie sous les tombeaux! En trouvera-t-on jamais une semblable dans les salons, et au théâtre? Je ne vois ici aucun monument élevé aux filles dénaturées et aux épouses infidèles. Toutes les vierges, toutes les épouses dont je parcours les sépulcres, méritèrent les regrets, les larmes et les éloges de leurs pères, de leurs mères, de leurs époux. Où sont donc les filles auxquelles la perte de leur innocence et des mœurs, coûta la vie? Où sont les femmes qui firent le tourment et la honte de leurs époux? Ah! sans doute, confondues dans la fosse commune, elles ont perdu jusqu'à leur nom, comme les vivans ont perdu leur souvenir. Il faut que dans le tombeau où la vertu brille d'un éclat immortel, le crime cesse de souiller nos regards, et reste à jamais oublié.

A l'entrée du vallon, sur une pierre d'une petite dimension,

Mlle. VOLNAIS, du Théâtre Français,

Aux mânes de dame vᵉ. CROIZET,

Celle qui dort ici, dès ma première aurore,
Me combla de ses soins, de ses tendres secours;
Quand je serai, comme elle, au terme de
        mes jours,
Mes yeux, en se fermant, la pleureront encore,

Combien ces vers sont touchans ! Combien est estimable la jeune et belle actrice qui, au talent le plus distingué, réunit les plus précieuses qualités du cœur, la sensibilité, l'amitié et la reconnaissance !

ICI REPOSE

Antoinette-Prudent PUJOLLE,
femme Swebach.

Modèle de douceur, modèle de bonté,
De toutes les vertus elle offrait l'assemblage;
La mort vint l'enlever au printemps de son âge,
Pour la porter au sein de la Divinité,
    Dont elle était le plus parfait ouvrage.

CHAPITRE XIX.

Mme. de Comps, Mme. Duboccage, M. de La Tour-Dupin, Mme. Michel Mathieu.

Dans une enceinte formée par une balustrade, s'élève un tombeau ombragé de peupliers, de cyprès, et d'un saule pleureur dont les rameaux descendent sur la partie supérieure de ce monument qui est surmonté d'une pierre sépulcrale sur laquelle est gravée une espèce d'élégie fort touchante.

C'est la sépulture de l'épouse de M. de Comps, secrétaire d'ambassade. Voici l'élégie qu'on lit sur la pierre qui s'élève au-dessus de la tombe, derrière la tête.

Sans mes enfans, je viens ici
Pleurer l'épouse la plus chère ;
Avec eux, je reviens aussi
Pleurer la plus tendre mère.

De ses amis inconsolables,
J'y précède ou je suis les pas.
Hélas ! ces momens ne sont pas
Mes momens les plus misérables.
Gardez pour nous votre pitié ;
Pour le ciel la mort l'a ravie ;
Mais elle abandonne à la vie,
L'hymen, l'enfance et l'amitié.

Ces vers sont empreints d'une triple teinte de douleur et de mélancolie. Les derniers surtout respirent tout à-la-fois les plus vrais sentimens de la philosophie et de la religion : ils sont une excellente paraphrase de ces paroles : *Ne pleurez pas sur moi, mais sur vous-mêmes.*

~~~~~~

Sur une pierre de marbre blanc, on lit cette modeste inscription, qui, comme l'humble violette, se cache derrière les plantes qui l'entourent.

CI-GIT

Marie-Anne LEPAGE, v^e. DUBOCCAGE,

née à Rouen, le 10 nov. 1710, morte à Paris le 21 therm. an 10 (9 août 1802), âgée de quatre-vingt-douze-ans.

On l'admira pour ses talens ;
On l'aima pour ses vertus.

J'aurais ajouté : Le Paradis reconquis, et la Colombiade, l'ont placée parmi les poëtes distingués du 18e. siècle.

Sur un tombeau construit en forme de piédestal, s'élève une urne d'une grande dimension. C'est un monument de la piété filiale de M. Guillois, envers sa mère.

CI-GIT

L.-H.-J. THOMAS, ex-vicomte de la TOUR-DUPIN, ancien officier-général, décédé âgé de soixante-dix ans.

D'un sang cher aux Français rejeton glorieux,
Aimable dans la paix, intrépide à la guerre,

Philosophe chrétien, héros religieux;
Nous le chérîmes sur la terre,
Et nous l'invoquons dans les cieux.

            Par Jacques D'ELILLE.

Sur l'un des côtés d'une tombe d'une grande dimension, et d'une belle simplicité, on lit cette inscription en lettres d'or, gravée sur un marbre noir:

CI-GIT

Honorine LEJEANS, épouse du général de division Maurice MATHIEU, née à Marseille le 12 décembre 1782,

Modèle des épouses et des mères,
Une mort inattendue et prématurée
L'a enlevée, le 16 février 1806,
A son mari, à son fils, et à sa famille
                        éplorée.

Comme tant d'autres dans le même genre, cette courte inscription vaut seule un long traité sur la fragilité de la vie et l'incertitude du trépas.

Sous une lugubre voûte de saules et de peupliers, s'élève surmonté d'une figure dont les traits représentent la douleur, le monument qui renferme les cendres de Françoise-Georgette Budel, épouse de M. Perdonnet, agent de change, morte à l'âge de trente-trois ans. On lit les vers suivans sur le marbre noir qui forme la face de ce tombeau:

Ci repose un objet de douleur éternelle,
    Qui dans ce terrestre séjour,
De toutes les vertus fut le parfait modèle;
    Mère tendre, épouse fidèle,
De qui put la connaître, et l'exemple et
                        l'amour;
Qui pratiquant le bien, sans en chercher la
                        gloire,
Jeune, vit de ses jours s'éteindre le flambeau.
Passant, qui que tu sois, respecte son tombeau,
    donne une larme à sa mémoire.

Ce n'est pas une seule larme que l'on doit donner à la cendre de tant de jeunes vierges, de jeunes épouses moissonnées au printems de leur âge; ce sont des torrens que nous avons à verser sur leurs tombeaux. Ce ne sont pas seulement leurs parens et leurs époux qui doivent faire éclater leurs gémissemens; c'est la société toute entière qui doit déplorer leur funeste sort. O médecins, à quoi nous sert donc votre science? à quoi nous servent vos gazettes, si le trépas semble se plaire à ravir à l'espèce humaine sa plus belle moitié; s'il arrache incessamment la jeune fille des bras de sa mère, et la jeune épouse aux tendres embrassemens de son époux? Ah! redoublez de zèle, couvrez d'une puissante égide ce sexe faible, délicat et imprudent. J'ai rempli mon ministère; remplissez celui que la société et les familles vous ont confié. Puis-je penser que dans le grand nombre des jeunes victimes dont j'ai parcouru les tombeaux, il n'en est pas une seule qui ait été sacrifiée par votre insouciance, ou par la fausseté de vos conjectures? Que signifient donc ces mots que j'ai lus sur une tombe : *Elle fut victime du charlatanisme ?* Hélas! la jeune épouse à laquelle je consacrerai quelques lignes, avant de sortir de cette terre hospitalière où tant de morts reposent, ferait encore la consolation et le bonheur de sa tendre mère, s'il ne se fût pas trouvé parmi vous un bourreau, portât le titre de ministre de la santé.

CHAPITRE XX.

ST. LAMBERT, *auteur du poëme des Saisons, Marie-Victoire de Varency.*

Je respire; mon âme resserrée par la tristesse se dilate, car j'aperçois un nom qui ne rappelle que de touchans souvenirs, le nom du Chantre des Saisons, de ce poëte aimable que la nature reconnaissante voulut protéger contre toutes les attaques de la mauvaise fortune, et de la triste vieillesse.

A l'ombre d'un peuplier et d'un cyprès, s'élève dans une modeste enceinte, un marbre noir qui porte cette inscription:

CI-GIT

Jean-François ST. LAMBERT, né en l'an 1716, le 16 décembre.

De l'ancienne Académie française,
militaire distingué,

poëte, et peintre de la nature,
grand et sublime comme elle ;
philosophe moraliste,
il nous conduisit au bonheur
par la vertu.
Homme de bien sans vanité,
comme sans envie ;
il aima ; il fut aimé.
Le monde et ses amis le perdirent
le 9 février 1803.
Celle qui fut cinquante ans son amie,
a fait mettre cette pierre,
sur son tombeau.

~~~~~

O St.-Lambert, poëte sublime et brillant, philosophe aimable, quels nouveaux charmes tu sus donner aux beautés de la nature, et quel empire tes touchantes leçons donnèrent à la sagesse, sur les cœurs les plus éloignés de ses maximes ! Où sont-ils ces laboureurs malheureux, ces pauvres habitans des campagnes, dont tu plaidas la cause avec une si vive éloquence, et dont tu séchas les larmes, par tes consolations et tes bienfaits! Ah! sans doute, si ceux qui existent encore, ou leurs enfans, savaient où reposent tes cendres, ils s'empresseraient de visiter la tombe qui les couvre, et d'unir leur hommage à celui que je rends à ta mémoire.

~~~~~~~~~

Comme le jour commençait à baisser je sortis du vallon, et je dirigeai mes pas vers l'enfoncement qui est à gauche en entrant dans le Champ du Repos. Tout ce terrain, aujourd'hui couvert d'une épaisse verdure, recèle les dépouilles de plusieurs milliers de victimes de la mort. O ma chère Victoire Varency! c'est là que je vis, il y a quatre ans, descendre ton cercueil, qui devait rendre à la terre ta rare beauté que tout le monde admirait, et que toi seule paraissais ignorer. Hélas! pourquoi naquis-tu si aimable, puisque tu devais nous être ravie au printems de tes jours? Qui rendra à ton inconsolable mère une fille si soumise, si tendre, une amie si consolante et si fidèle? Aucun monument n'indique l'endroit où repose ta cendre; mais j'en ai précieusement conservé la mémoire; et mon cœur qui ne se trompe point, me désigne bien l'emplacement sur lequel je dois me prosterner et soupirer.

FIN DE LA PREMIÈRE PARTIE.

TABLE DES CHAPITRES

DE LA PREMIÈRE PARTIE.

CHAP. 1er. *Occasion et premières circonstances de mon Voyage.* Pag. 1

CHAP. II. *Madame de Montmorency-Laval, abbesse de Montmartre.* 4

CHAP. III. *Situation du Champ du Repos. Réflexions sur cette dénomination. Le voisinage du Champ du Repos. La Chaussée d'Antin. Guinguettes. Magistrat des Convois, etc.* 8

CHAP. IV. *Description du Champ du Repos. Réflexions sur les objets que l'on y voit.* 15

CHAP. V. *Histoire de Sophie Delville, martyre du devoir et de l'amour.* 22

CHAP. VI. *Continuation de l'histoire de madame Delville.* 29

CHAP. VII. *Je passe la nuit dans le Champ du Repos.* Pag. 35

CHAP. VIII. *Réflexions sur ma situation. Tombe de Mlle Chameroi. Le Champ du Repos est un livre bien éloquent.* 39

CHAP. IX. *Je continue mes réflexions. Apparition du spectre d'un athée.* 43

CHAP. X. *Dialogue entre le Spectre de l'Athée et Moi.* 48

CHAP. XI. *Réflexions au sujet du Spectre. Le Champ du Repos reçoit les morts de toutes les religions. Réflexions à ce sujet.* 58

CHAP. XII. *Je commence la visite des Tombeaux, M^r. et Mme. Larmoyer.* 64

CHAP. XIII. *Jeunes Époux, jeunes Épouses. Jeunes Garçons, jeunes Filles.* 68

AU PHILOSOPHE. 73

CHAP. XIV. *Je continue de lire les Inscriptions des Tombeaux.* 74

CHAP. XV. *Jeune Père de famille. Jeune Mère et son jeune fils.* 79

CHAP. XVI. *Epitaphium omni sculpturæ ornamento destitutum.* 86
CHAP. XVII. *Le Vallon.* 94
CHAP. XVIII. *Tombeau et épitaphe
d'Adrienne Chameroy.* 97
CHAP. XIX. *M^de. de Comps, M^de. Duboccage, M. de la Tourdupin, Mme.
Maurice Mathieu, etc.* 102
CHAP. XX. *St. Lambert, auteur du poëme
des Saisons, Marie-Victoire de Varency.* 109

CHAP. XVI. Description of study-
ing ornaments, dedication. 85
CHAP. XVII. To Talen. 94
CHAP. XVIII. Prohoun of crypts
d'Arimanni.
CHAP. XIX. To the Chapel, to
Lucrezia, M. A. A. Fontaigni, M. A.
Pisaurio Alcibis, etc.
CHAP. XX. And a comment upon
the ... of this Plate. No to the ...
study.

VOYAGE
A LA MAISON DE CAMPAGNE
DU PÈRE LACHAISE,
A MONTLOUIS.

IIe. PARTIE.

VOYAGE
A LA MAISON DE CAMPAGNE
DU PERE LACHAISE.

CHAPITRE PREMIER.

Description de la maison du père Lachaise, et de ses environs.

C'était le quatorze octobre, jour anniversaire de cette bataille mémorable qui couvrit les champs d'Iéna des débris de tant de bataillons, et porta un coup si funeste à la domination du monarque prussien. Un brillant soleil éclairait les campagnes, et donnait à ce jour d'automne les charmes d'une belle journée de printems.

Je profitai d'une si belle occasion pour visiter le Champ de Mort qui fut autrefois ce jardin de délices où un moine ambitieux méditait gaîment des plans de persécution, et les moyens de faire tourner la puissance de son auguste pénitent à la ruine et à la destruction des hommes dont la vertu, la science et le crédit contrariaient les vues de son ambition et de son hypocrisie.

La maison qui commande ce vaste enclos, et qui est située sur une colline que l'on appelle *Montlouis*, à la proximité de *la Folie Renaud*, fut construite par les ordres de Louis-le-Grand, pour le père Lachaise, son confesseur. Il en est peu dans les environs de Paris, dont la perspective soit aussi étendue et aussi variée. Au sud, elle domine la capitale; à l'ouest, elle regarde les hauteurs de Belleville, de Montmartre et de Meudon; à l'est, elle étend son point de vue sur la plaine de St.-Mandé, de Vincennes, et sur les rives populeuses de la Marne: presque de niveau avec le dôme de Ste.-Geneviève, elle montre sa solitude et ses
tombeaux

tombeaux aux voyageurs qui arrivent à Paris par les routes du levant, du midi et du couchant. C'est ainsi que le trépas s'annonce de loin à ceux qui viennent chercher dans la superbe capitale de l'Empire français, ou la fortune ou les plaisirs.

C'est à l'extrémité des nouveaux Boulevards, à l'est, qu'est situé ce vaste et nouveau dépôt des dépouilles humaines. On y arrive par plusieurs rues étroites qui conduisent à une belle porte après laquelle est une grande cour où, sans doute, s'arrêta souvent le char de madame de Maintenon, cette ardente protectrice des opinions du Père Lachaise, et son amie. Après avoir traversé cette cour, on entre dans un superbe enclos de quatre-vingts arpens, lequel forme, par sa vaste étendue et son agréable situation, un contraste frappant avec le Champ du Repos sous Montmartre, dont j'ai fait la description. C'est sans doute par un acte de sage prévoyance, que le département de la Seine a fait l'acquisition de cet immense terrain pour la sépulture des habitans du Marais, et de ce faubourg St.-Antoine dont la population surpasse celle de plusieurs grandes villes de province.

A droite s'étend, par une pente douce, jusqu'à la hauteur, un beau verger dont les arbres attendent, chaque jour, la cognée qui doit les abattre pour laisser l'espace libre au choix des familles et à la pioche du fossoyeur. Une avenue de tilleuls sépare ce verger, où la mort ne préside encore qu'à trois sépulcres, de l'emplacement où les générations du faubourg St.-Antoine viennent chaque jour s'acquitter d'un tribut, ou de plusieurs, et où, le long de la muraille qui le borne à l'ouest et au nord, un grand nombre de familles ont déjà élevé des monumens funèbres aux personnes que la tendresse ou la reconnaissance leur ont fait un devoir de regretter.

Au sommet de la colline où s'élève,

avec un aspect mélancolique, la maison déserte et solitaire, est un vaste plateau devant lequel se présente le coup d'œil le plus magnifique. Quelques tombeaux en ont déjà pris possession: ces tombeaux aujourd'hui isolés, auront bientôt des voisins; et dans quelques années leur grand nombre, aperçu d'une distance considérable, ainsi que le dôme du Panthéon, avertira l'étranger du souvenir du trépas, avant que les palais des grands, les monumens des arts et les salles de spectacles ne l'aient fasciné par les pompes de l'opulence, ou par l'enchantement des plaisirs.

CHAPITRE II.

Réflexions sur la Maison du Père Lachaise. Détails historiques.

O vicissitude des choses humaines ! ô fragilité de ces grandeurs qui font tant de martyrs ou tant d'esclaves ! ô instabilité de cette fortune à laquelle les hommes ne cesseront jamais de prodiguer leur encens ! cette maison sur laquelle le tems dessine avec rapidité la triste architecture des ruines, fut bâtie par un monarque tout puissant et victorieux, sur ce même emplacement où ses légions commandées par l'illustre Turenne, réduisirent à l'obéissance les bataillons de ses sujets révoltés ; et c'est par une autre révolution qui a renversé le trône où ce grand roi fut assis, qu'elle devient inhabitable, et que bientôt, sans doute, elle cédera aux pierres sépulcrales le terrain qu'elle fatigue de son poids ! Quoi ! le pauvre lui-même détourne ses regards de ce séjour où les grands seigneurs se tenaient heureux d'être une fois introduits, comme dans ce Versailles où leur maître tenait sa cour !

Oh ! combien les tems sont changés, depuis cette époque qui ne renferme pas encore un siècle ! Que d'événemens mémorables se sont succédés, pressés, entassés, et ont donné à ce vaste empire un aspect si différent de ce qu'il était, quand le père Lachaise mourut et quand vint au monde ce vénérable pontife et patriarche *, l'un des successeurs de ce cardinal de Noailles dont le jésuite se montra tout-à-la-fois l'antagoniste et le persécuteur !

Assis sur la terrasse du palais abandonné, et pour ainsi dire dans la situation de *Marius* méditant sur les ruines de

---

* Ce vénérable patriarche est M^r. le cardinal DE BELLOY, né en 1709.

Carthage, je remonte par la pensée jusqu'à cette année malheureuse et mémorable de 1709; je redescends ensuite, et je parcours avec rapidité tout cet espace compris entre elle et le moment où je suis. C'est une histoire que je compose, et que j'écris avec une plume tirée des ailes du tems; des ruines me servent de pupitre, et ces ruines sont l'oracle que je consulte pour découvrir la vérité.

Une guerre désastreuse, un hiver excessif, et la misère générale qui fut l'effet de ces deux fléaux réunis, avaient rendu cette belle France, naguère si redoutée et si heureuse, l'objet de la douleur de ses enfans, et du mépris insultant des étrangers. Le monarque qui aurait pu remédier à ces malheurs, était gouverné par une vieille femme, qui, à son tour, l'était par ce Père Lachaise qui, à la politique d'un habile courtisan, joignait cet esprit d'intrigue et d'ambition qui caractérisait la célèbre compagnie dont il était membre. Quoique cet homme n'existât plus à la fin de l'année 1709, comme il avait inspiré ses principes à Mme. de Maintenon, les querelles de religion ne perdirent rien de leur violence, et ne firent qu'ajouter de nouveaux chagrins aux douleurs domestiques qui vinrent assiéger la vieillesse de Louis.

Quand ce grand roi descendit dans la tombe de ses ancêtres, la paix avec les puissances étrangères était faite depuis deux ans; mais la paix des théologiens entre eux, et du gouvernement avec les théologiens, était loin d'être conclue. L'ombre du Père Lachaise planait encore sur Montlouis, et tantôt soufflait dans le sanctuaire le feu de la discorde, tantôt montrait la Bastille aux savans et vertueux adversaires des constitutions d'Ignace, et des opinions de ses disciples.

Le grand prince qui prit les rênes du gouvernement français, dans ces orageuses circonstances, sentit bien qu'en faisant intervenir l'autorité souveraine dans les querelles théologiques, il leur donnerait ou maintiendrait tout l'intérêt qu'il voulait leur refuser ou leur ôter. En conséquence, il laissa les jansénistes et les molinistes se débattre entre eux, pendant que, frivole et voluptueux, autant par politique que par caractère, il tournait l'esprit de la nation vers des objets qui, par leur nature, devaient leur faire mépriser ces vaines disputes, faites seulement pour intéresser des moines oisifs, et des prélats ou fanatiques ou ambitieux.

Cette conduite du duc d'Orléans excita bien des réclamations particulières; mais elle eut l'approbation générale, et fit éclore dans un grand nombre de têtes pensantes, cette philosophie moderne dont les auteurs et les disciples ont trop souvent confondu de vains systêmes de théologie avec les dogmes fondamentaux du christianisme, et ont trop souvent attribué à la religion, comme cause principale, les excès dont elle n'était que le prétexte, et les abus qu'elle condamne.

Cette époque est remarquable dans notre histoire; car cet ébranlement donné, en France, aux principes religieux, peut être considéré comme le premier coup porté aux principes monarchiques.

CHAPITRE III.

Continuation des réflexions sur le Père Lachaise.

Si le Père Letellier, par les persécutions exercées contre les protestans, et le Père Lachaise, par les voies de rigueur employées contre les jansénistes, attirèrent sur la religion le mépris et la haine dont leur conduite n'avait dû couvrir que leurs personnes et leur société, le cardinal Dubois, en offrant au monde le spectacle contraire d'une profonde indifférence en matière de religion, et des vices les plus déshonorans pour le caractère épiscopal, hâta la révolution qui s'était préparée dans les idées, seconda merveilleusement les vues du régent, et disposa pour ainsi dire, la France à recevoir cette philosophie atrabilaire, née en Angleterre, dans les orages des révolutions et des discordes civiles.

Un jeune homme, élevé au milieu de cette révolution, doué des plus grands talens, et lancé dans le grand monde, dans ce monde qui n'avait conservé de la cour de Louis-le-Grand, que cette politesse exquise qui la rendait le modèle des autres cours de l'Europe, dans ce monde où la plaisanterie avait remplacé la discussion, et où le sel d'un mot, l'esprit d'un couplet, faisaient passer de bouche en bouche l'impiété qui s'y trouvait cachée; ce jeune homme, dis-je, passa la mer pour exploiter la philosophie anglaise, et rapporter dans son pays cette nouvelle et dangereuse cargaison.

Ce fut quelque tems après son retour, que parurent ces libelles où la nation fut tout étonnée de lire une doctrine qui ne tendait à rien moins qu'à substituer à son antique croyance religieuse les dogmes de l'athéisme, et qu'une classe d'hommes instruits dont le nombre augmentait chaque jour, prétendit soumettre au calcul et à l'analyse les principes de la révélation chrétienne. Ces hommes se donnèrent le nom de *philosophes ;* et ce nom leur resta, comme s'il eût été sans conséquence.

Ainsi donc les philosophes entrèrent dans l'arène où les diciples de Jansénius et de Molina se livraient de nouveaux combats, depuis que le faible et dévot cardinal de Fleuri se trouvait à la tête des affaires. Au lieu de se réunir contre l'ennemi commun de toutes les religions, ces imprudens et aveugles théologiens continuèrent à se disputer, à s'anathématiser, à se persécuter. Forte de leurs divisions, et de son chef, la philosophie gagnait du terrain, et attirait sous ses drapeaux les hommes de tous les états, qui n'avaient pas assez de lumières pour distinguer les dogmes du catéchisme des cinq fameuses propositions de l'évêque d'Ypres ; ou les hommes qui, fatigués des disputes de religion, rejetaient toute croyance pour n'entrer dans aucun parti.

Cependant cette célèbre et puissante société qui défendait les opinions de Molina, se présentait comme un corps redoutable qui paraissait devoir braver longtems tous les efforts de la philosophie. O profondeur de la sagesse humaine ! ô aveuglement de l'esprit de secte et de dispute ! à quoi se résolurent les philosophes pour renverser ce fameux colosse? Ils se rapprochèrent des jansénistes qui, flattés d'en être recherchés, consentirent à unir leur haine au mépris de la philosophie, et se liguèrent avec ceux qui devaient un jour détruire l'autorité, pour accuser leurs ennemis de conspirer le renversement des trônes et la mort des souverains.

Les jésuites exterminés, quelle digue les jansénistes, qui n'avaient pas un seul bon écrivain, et qui d'ailleurs n'avaient plus aucune considération, pouvaient-ils opposer aux progrès de la philosophie, qui avait rempli de ses prosélytes et de ses partisans la cour, le clergé, l'armée, les tribunaux, et qui seule soutenait la haute réputation des Français dans les sciences et dans les lettres, en présentant ses chefs aux souverains et aux peuples étrangers? Aussi les philosophes établirent-ils, avec une facilité sans exemple, le règne de leurs principes sur la ruine de cette religion dont ses ministres eux-mêmes avaient ébranlé les fondemens, et qu'ils avaient si mal défendue, quand ces nouveaux ennemis s'étaient présentés pour en achever la destruction.

De l'indépendance religieuse à l'indépendance politique, il n'est qu'un passage étroit, que l'audace a bientôt franchi. Cette vérité n'a été que trop clairement démontrée par les événemens de la révolution française, dont la cause, quoiqu'en disent certains écrivains, ne peut être attribuée qu'à la philosophie.

Mais quel rapport ce que je viens de dire a-t-il avec la maison du Père Lachaise? Quel rapport! un rapport plus étroit que l'on ne pense; car ce fut le

Père Lachaise qui, des hauteurs de Mont-Louis, donna le premier signal de la révolution, signal éclatant qui fut entendu du faubourg St.-Antoine et des tours de la Bastille. Ecoutez, et remarquez la suite des événemens.

Le Père Lachaise ranima et entretint les querelles de religion. Ces querelles rendirent à un grand nombre de Français la religion méprisable, principalement au duc d'Orléans et au cardinal Dubois qui, par l'impudeur de sa conduite, la rendit plus méprisable encore. Voltaire profita de la disposition actuelle des chefs du gouvernement, et de celle qui se préparait dans les esprits, pour attaquer, par les raisonnemens de la philosophie d'Angleterre, cette religion dont les ministres s'anathématisaient depuis un siècle. Au lieu de se réunir contre l'ennemi commun, ces aveugles ministres lui fournirent de nouvelles armes, en prolongeant ces divisions si déshonorantes pour eux et si nuisibles à la cause de la révélation. Une moitié de ces théologiens disputeurs se réunirent à Voltaire et à ses disciples, pour renverser leurs adversaires; et cette moitié fut renversée à son tour, comme cela devait arriver, selon l'usage ordinaire des partis, que la haine pousse toujours vers les mesures les plus contraires à leurs intérêts. Ainsi, devenue maîtresse du champ de bataille, la philosophie des incrédules marcha rapidement à son but, qui n'était autre que le renversement des anciennes institutions. L'expérience a prouvé qu'elle a atteint ce but si désiré, par la révolution de 1789. Récapitulons ces idées en peu de mots.

Le Père Lachaise rendit, pour ainsi dire, officielles, les disputes des jansénistes et des molinistes; celles-ci engendrèrent l'irréligion du duc d'Orléans et le libertinage grossier du cardinal Dubois; l'irréligion du duc d'Orléans, et les vices du cardinal Dubois engendrèrent l'incrédulité de Voltaire; l'incrédulité de Voltaire engendra la philosophie; la philosophie, après avoir détruit les jésuites par les jansénistes, et les jansénistes par le ridicule, engendra l'esprit d'indépendance, qui engendra la révolution.

CHAPITRE IV.

Différence de la population du Champ du Repos sous Montmartre, et de celle de la Maison du Père Lachaise. Causes de cette différence.

Il était donc bien naturel que le champ de celui dont le fanatisme et l'orgueil avaient créé des révolutions, fût changé en un monument de révolution, et que de jardin de voluptés et de délices qu'il était, il devînt le séjour du trépas; que ses superbes avenues conduisissent aux tombeaux, et que ses arbres fruitiers fussent remplacés par les peupliers, les saules et les cyprès.

Tout occupé de cette réflexion, je quittai la terrasse de la maison pour visiter les monumens élevés contre le mur qui la soutient, et ceux qui sont placés les uns à la suite des autres, le long de la muraille qui s'étend à l'ouest.

Je lus toutes les inscriptions sans en omettre aucune, pour faire ensuite le choix de celles qui pourraient me fournir quelques utiles réflexions.

De quel étonnement je fus frappé, quand le plus grand nombre de ces tristes inscriptions m'apprirent que les tombes qui les portaient ne couvraient que la dépouille de pères ou de mères de famille, morts dans un âge avancé, ou après avoir traversé les premières années qui suivent l'âge mûr, et celles qui le séparent de la vieillesse! Quel contraste ces tombeaux m'offrirent avec ceux du Champ sous Montmartre, dont la grande majorité ne rappelle que des époux, des épouses, de jeunes filles moissonnées à l'entrée de leur carrière! Comment expliquer ce phénomène du trépas, et comment peut-on dire pourquoi l'ennemi de la vie frappe ici plus de jeunes gens que de vieillards, et là, plus de vieillards que de jeunes gens?

L'air que l'on respire au faubourg St.-

Antoine et au Marais, est-il plus pur que celui du Palais Royal, des rues St.-Honoré, Vivienne, de Richelieu, des Petits-Champs, des Boulevards et de la Chaussée d'Antin? Mais pourquoi attribuerait-on à la différence de deux airs que leur voisinage met dans un contact perpétuel, ces morts prématurées qui, dans les quartiers de l'ouest, enlèvent, chaque année, un si grand nombre de jeunes et précieux individus des deux sexes? Ah! n'en doutons point, c'est à l'usage habituel des alimens les plus échauffans et les plus délicats, de ces liqueurs aussi dangereuses pour tous les tempéramens, qu'elles sont flatteuses pour tous les goûts; c'est à cette fureur pour les spectacles, pour les fêtes, pour les promenades nocturnes, qui fait braver a un si grand nombre de jeunes hommes et de jeunes femmes, et les lois de la nature, et les conseils de la sagesse, et les menaces d'Hygie; c'est à ces modes enfin, fruits de l'intérêt, du caprice, de l'imprudence et de la vanité, et fléaux éternels de la santé et de la fortune, que le Champ du Repos doit cette jeune population, déplorable ornement de ses tombeaux. O jeunes hommes! ô jeunes épouses! si vous pensez que la mélancolie me porte à l'exagération, et que, moraliste atrabilaire, je ne cherche qu'à vous inspirer une terreur dont je ne suis pas pénétré moi-même, venez et voyez; contemplez ces tombes, et lisez les inscriptions douloureuses que des mères ou des époux inconsolables ont fait graver sur la pierre pour indiquer l'endroit où repose la cendre de leur jeune fils ou de leur jeune épouse.

Au Marais et au faubourg St.-Antoine, où les mœurs sont, en général, régulières et bonnes, où la nature est rarement outragée par un régime ennemi de ses saintes lois; où toutes les classes de citoyens se livrent à l'envi à un travail assidu; où l'éloignement des spectacles et des autres rendez-vous de plaisir oblige les familles à ne chercher des délassemens que dans leur propre sein, ou à une courte distance de leurs foyers; où la mode inconnue ou dédaignée, ne contraint personne à lui faire le sacrifice du prix de ses travaux et des fleurs de sa santé; où tout le monde se retire, quand ailleurs sortent les jeunes vierges et les jeunes épouses pour vaquer aux plaisirs, à l'insomnie, à l'ennui; et où régnent le silence et l'obscurité, quand plus loin le bruit des chars épouvante la foule à pied, et l'éclat des lumières s'efforce de lutter contre les ténèbres, les corps doivent conserver long-tems la vigueur de la santé, les maladies doivent être plus rares, la jeunesse doit arriver saine et sauve à l'âge mûr, et l'âge mûr à la vieillesse, mais par une gradation lente et presque insensible.

Eh! quelle prise le trépas aurait-il sur ces hommes laborieux qui placent les mœurs sous la sauve-garde de la médiocrité, et leur santé sous la protection de la tempérance et de la modération; sur ces jeunes filles qui n'ont un amant qu'en prenant un époux, et dont le seul plaisir consiste à travailler et à se délasser sous les yeux de leurs mères ; sur ces jeunes femmes qui n'ont pas de plus douce jouissance que d'élever elles-mêmes leurs enfans, et de partager les innocens plaisirs de leurs époux, comme elles en partagent les occupations et les travaux ?

Ce n'est pas à dire que, par un privilége unique, les quartiers dont je viens de parler n'envoient point de jeunes victimes à la maison du Père Lachaise. Hélas ! plusieurs inscriptions attestent le contraire ; mais, du moins, ces victimes ne sont pas les plus nombreuses ; et j'ai lieu de penser, en voyant leurs mausolées, que l'opulence avait pu leur faire partager les imprudences, les usages et les plaisirs des habitans des quartiers où il y a le plus de théâtres, de bals et de restaurateurs.

CHAPITRE V.

Coup d'œil général sur les Sépulcres. Réflexions sur les Tombeaux ornés d'une croix.

Pourquoi tous ces monumens placés à la suite les uns des autres? Quels ont été les motifs de ceux qui les ont fait élever? Savaient-ils qu'en ordonnant que telle pierre serait taillée de telle manière et porterait telle inscription, ils ordonnaient la composition du plus utile et du plus éloquent de tous les livres de morale et de religion, si l'on excepte l'Évangile? En effet, quel poëme offre un intérêt plus soutenu, plus général et plus touchant; quel drame est plus tragique; quel sermon est plus éloquent, qu'un sépulcre? Oui, je trouve plus à penser et à m'instruire devant une tombe, et en lisant une épitaphe, que dans les plus beaux livres de la bibliothèque impériale. Les livres m'apprennent seulement que nos plaisirs sont de courte durée; la tombe m'apprend que leur durée est finie : les livres m'apprennent que l'homme est mortel; la tombe m'annonce qu'il est mort : les livres nous disent que la beauté est fragile, que la santé est un bien incertain, et que c'est folie de regarder la jeunesse comme un bouclier contre les coups du trépas; la tombe nous crie, d'une voix imposante et terrible, que la beauté n'est plus, et que la santé et la jeunesse ont été vaincues et terrassées par cet ennemi qu'elles regardaient comme si peu redoutable par son éloignement; enfin, les livres nous menacent de ce qui doit être, et la tombe nous avertit de ce qui est.

Mais je vois un signe élevé ou gravé sur quelques tombeaux; et ce signe est une croix. Cette croix, que m'annonce-t-elle? Elle m'annonce que les dépouilles déposées sous ces tombeaux, entre les mains du tems, pour être un jour remises à l'éternité, appartiennent à des intelligences qui se glorifièrent du titre de *chrétien*. Oh! combien, à l'aspect de ce signe auguste, je sens mon âme s'élever! Avec quel respect religieux je m'approche des sépulcres qu'il distingue des autres! O croix, instrument de supplice, de gloire et de salut, je me prosterne devant toi! Quelle place plus digne de toi peux-tu occuper, après les autels de nos temples, que ces tombes où reposent les corps qui furent arrosés du sang du Christ ce fils bien-aimé et ce tout-puissant médiateur entre Dieu et l'homme? Combien tu rends vénérables et précieux ces restes de l'homme, si méprisables aux yeux du matérialiste qui n'y voit que de vains ossemens, et une boue dégoûtante qui doit se confondre pour toujours avec cette terre destinée au néant, comme elle le fut à la création!

O empire admirable et tout-puissant de la religion sur les esprits et sur les cœurs! quelles douces et sublimes larmes elle me fait répandre sur ces sépulcres, que le sophiste ne contemple que d'un œil sec et dédaigneux ! et combien une tombe qui porte l'empreinte d'une croix, me présente un caractère plus sublime et plus auguste que celle qui ne me peut rien apprendre sur la croyance de l'homme dont elle couvre la dépouille !

J'ai parcouru en pleurant les campagnes de ma patrie, de l'Helvétie et de la Germanie, et j'ai visité les cimetières des villages et des hameaux par où j'ai passé : partout j'ai vu des tombeaux élevés par la religion ; partout j'ai vu dans les champs où reposaient les dépouilles des laboureurs, ce signe révéré, replanté aujourd'hui sur le Calvaire, annonçant au voyageur sentimental et religieux qu'il foulait une terre sacrée. Pourquoi nos champs de sépulture et de repos n'offrent-ils qu'un vain étalage de tombeaux auprès desquels le respect religieux n'inspire aucun sentiment au plus grand nombre de ceux qui les visitent ? Si la religion d'un peuple se montre dans les temples où on lui annonce le trépas, pourquoi n'aurait-elle aucun signe dans le temple où le trépas annonce lui-même sa puissance inévitable sur tous les enfans de la cité? Que j'aimerais, promeneur solitaire au milieu des sépulcres, que j'aimerais à voir un monument expiatoire des profanations des cercueils, dans les quatre asiles de la mort ouverts aux quatre angles de cette capitale! Que j'aimerais à lire l'inscription suivante, gravée en grosses lettres d'or sur un large marbre noir exposé aux regards des vivans qui viendraient visiter ces champs funèbres :

CEUX QUI DORMENT ICI DANS LA POUSSIÈRE, SE RÉVEILLERONT UN JOUR.

CHAPITRE VI.

Madame Garnier, M. de Londre, Mme. Frémont.

Après avoir jeté un coup d'œil général sur les monumens et sur les pierres sépulcrales, je m'arrêtai devant le tombeau qui avait d'abord frappé mes regards en entrant. Ce tombeau qui est isolé, présente quatre faces dont les plus grandes regardent le levant et le couchant. Il renferme la dépouille de Mme. Garnier, décédée en 1806, âgée de trente-quatre ans L'inscription latine, fort bien faite, qui est gravée sur le côté de l'ouest, m'apprend que cette jeune épouse était ornée de toutes les vertus qui rendent une femme recommandable devant Dieu et devant les hommes.

> Sponso, parentibus, proximis,
> et pauperibus flebilis.

A droite, et auprès de l'avenue de tilleuls qui conduit à la terrasse de la maison, s'élève un monument surmonté d'une croix noire. Sur ses quatre côtés, revêtus d'un marbre noir, on lit quatre inscriptions en lettres d'or. Il est renfermé dans une enceinte formée par une grosse chaîne attachée aux quatre bornes qui répondent à ses quatre angles.

L'inscription du côté de l'ouest annonce que ce tombeau est la sépulture de P. René de Londre, négociant, décédé en 1806, à l'âge de cinquante ans. Sur le côté de l'est, on lit l'éloge de sa charité envers les pauvres, de ses vertus morales, et l'expression des regrets et de la douleur de son épouse. A côté de ce monument, dans la même enceinte à l'ouest, s'élève, à dix-huit pouces de terre, en forme de cercueil, le tombeau de M. Darbonne, beau-père de M. de Londre, auquel il ne survécut que trois mois. Combien Mme. de Londre a droit de s'écrier:

« Voyez s'il est une douleur comparable à la mienne!

Quel malheur! perdre en trois mois son père et son époux! Grand Dieu, protecteur des affligés, donne à cette épouse et à cette fille désolée, la force de supporter une si accablante infortune; et que son fils soit toujours son consolateur, par sa tendresse et par ses vertus!

Près de la même avenue de tilleuls, à gauche, s'élève une pyramide sépulcrale de neuf pieds de hauteur, surmontée d'une boule, et soutenue sur sa base par quatre pattes de lion. Je lis les mots suivans sur le côté qui fait face au midi:

Ce monument
renferme une épouse chérie.
A la fleur de l'âge,
elle passa du lit nuptial dans la tombe.
La mort y réunira deux époux
qu'elle seule a pu séparer.

L'inscription du couchant avertit le

voyageur mélancolique que sous ce monument, repose la dépouille mortelle d'Antoinette BOBÉE, épouse de M. Frémont, propriétaire, décédée en 1805, après trois années de mariage.

Quel engagement prend un jeune époux, en faisant creuser sa tombe à côté de celle de sa jeune épouse ! Quelle sagesse n'a-t-on pas lieu d'attendre de celui qui a marqué sa propre sépulture, et qui, de tems en tems, vient méditer sur la fragilité de la vie, à l'endroit où repose ce qu'il a eu de plus cher, et où ses restes seront un jour déposés par ses enfans ou par ses neveux !

CHAPITRE VII.

M. Lenoir Dufresne, M. Renouard, M. et Mme. de Longchamp.

Les trois monumens dont je viens de parler sont les premiers qui se présentent, au commencement de l'avenue. Après les avoir examinés, je montai vers la muraille qui soutient la terrasse, au pied de laquelle, et près de la grille, s'élève avec majesté un sépulcre qui, par sa matière et par sa forme, figurerait dignement dans un des plus beaux temples de la capitale. Il est construit d'un marbre gris blanc; et sur ses quatre côtés, de marbre noir, on a gravé quatre inscriptions en lettres d'or. Son enceinte est fermée par une grille de fer à hauteur d'appui, et elle est couverte d'un gazon épais et verdoyant qui forme un frappant contraste avec la stérilité du terrain qui l'environne. Sur le côté du couchant, on lit cette courte et sublime inscription:

Plus de cinq mille ouvriers
qu'alimenta son génie, qu'encouragea son exemple,
sont venus pleurer sur cette tombe,
un père et un ami.

Sur le côté du levant :

Puissent ses mânes jouir paisiblement
et du bien qu'il a fait, et des regrets honorables
que l'industrie et le commerce français,
donnent à sa mémoire!

L'inscription du midi apprend que, dans ce tombeau, sont renfermés les restes de J. D. G. Joseph LENOIR DUFRESNE, décédé en 1806, âgé de trente-huit ans.

Sur la même ligne, en descendant, est une tombe modeste et simple, entourée et ombragée de cyprès. C'est celle où repose Jacques-Augustin Renouard, fabricant d'étoffes de soie, décédé en 1806, à l'âge de soixante-dix ans.

Il sut par son génie
élever au plus haut point de prospérité
un genre de fabrication
avant lui presque nul.
Il rendit l'étranger tributaire
de son industrie,
et par sa bienfaisance
mérita le nom de père de ses ouvriers.
Il fut enlevé trop tôt à ses enfans désolés
et à son inconsolable épouse.

Il avait soixante-dix ans, et sa mort fut prématurée! Quel éloge et quelles vertus cet éloge suppose! La vieillesse de l'homme vertueux et utile est donc comparable, préférable même au plus beau tems de la jeunesse! C'est ainsi que l'arbre qui porte des fruits inspire souvent, quelque vieux qu'il soit, plus de regrets, quand la tempête vient à le briser, que l'arbuste jeune et vigoureux dont les fleurs ne font naître que des espérances pour l'avenir.

Enfans d'un père si respectable, puissiez-vous mériter un jour l'hommage solennel que votre tendresse, guidée par la justice, a rendu à sa mémoire !

~~~~~~

A quelques pas de la sépulture de M. Renouard, est une belle tombe d'une vaste dimension. L'inscription gravée sur un marbre noir, du côté de l'est, apprend que ce monument a été élevé à M. Dubut de Longchamp, ancien administrateur général des postes, et à son épouse, Mme. Marguerite Carrelet de Loisy, par leur neveu, A. B. Carrelet de Loisy, et leur nièce, M. L. Adélaïde Verchère d'Arcelot.

CHAPITRE VIII.

Le Vice-Amiral Bruix, Valmont de Bomare, Mlle. de Blavette, Monsieur Leullier.

JE fais quelques pas, et mes regards s'arrêtent sur une petite pierre dépourvue de toute espèce d'ornemens. Elle est entourée de cyprès, et paraît n'être là qu'en attendant un monument plus digne de l'homme illustre dont elle couvre la dépouille. On y lit cette épitaphe :

CI - GIT

Eustache B R U I X, Conseiller - d'État,
vice-amiral des armées navales,
grand-officier de l'Empire,
colonel-général, inspecteur
des côtes de l'Océan,
grand-croix et chef de cohort
de la légion d'honneur,
décédé en l'an 13, âgé de quarante-six ans.

Hélas! à quoi servent aujourd'hui tous ces titres pompeux à celui qui les porta? et quel cas doit en faire l'esprit immortel qui anima la poussière au-dessus de laquelle ils sont gravés? Sans doute un tombeau plus vaste m'apprendra les bonnes actions qu'il fit, et les services éminens qu'il rendit à son pays.

~~~~~

Le même sentiment avec lequel je m'étais approché de la tombe de St.-Lambert, me saisit et me pénètre quand j'aperçois celle de ce grand et respectable ami et observateur de la nature, Valmont de Bomare. Puissent les cèdres et les sapins que ses vertueux et reconnaissans élèves ont plantés autour de son cercueil, s'élever bientôt avec majesté, et dire aux générations futures : Notre ombre couvre la cendre de celui qui fut simple et beau comme la nature, dans ses mœurs et dans ses écrits!

A la mémoire
de VALMONT DE BOMARE,

excellent citoyen,

savant distingué.

La nature
fut l'objet de ses études;
il enseigna
à la connaître et à l'admirer.

Ses amis, ses élèves,

Sa veuve inconsolable.

Décédé

Le 24 août 1807.

Sans avoir été un naturaliste d'une imagination aussi brillante que M. de Buffon, on peut dire que M. Valmont de Bomare n'a pas rendu un moindre service à l'histoire naturelle. Si d'autres, après lui, en ont étendu les différentes branches, on lui rendra toujours la justice d'avoir contribué, l'un des premiers, à inspirer aux Français le goût de cette belle et agréable science.

ICI REPOSE

Une fille et sœur bien-aimée,

Agathe Nicolle

CLÉMENT DE BLAVETTE,

âgée de vingt ans et demi.

Douée d'une âme forte, d'un cœur sensible,

héroïne chrétienne,

renonçant sans regrets au plus bel âge de la vie,

elle emporta avec un calme religieux,

dans la tombe,

les espérances et la douleur amère

d'une famille inconsolable,

Le 5 août 1807.

Un peintre voulant représenter la douleur d'Agamemnon, obligé par l'oracle de livrer sa fille Iphigenie pour être immolée, ne crut rien faire de mieux que de voiler la figure de ce père infortuné. Imitons son exemple en jetant un voile sur le visage des parens de la jeune et vertueuse héroïne qui repose sous cette tombe. Que beaucoup de jeunes personnes lui ressemblent, et vivent plus long tems qu'elle n'a vécu, pour l'exemple et le bonheur de leurs semblables!

~~~~~~~~~~

Je suis le rang des tombes, et j'en passe plusieurs dont ni la forme, ni les inscriptions, ne m'offrent rien de remarquable. Mais en voici une que l'on croirait destinée à perpétuer, de siècle en siècle, le souvenir des vertus patriarchales, et à conserver la mémoire du père de famille qui les réunit en sa personne.

CI-GIT
Jean Baptiste LEULLIER,
ancien juré
du corps des faïenciers de Paris,
décédé en 1807, âgé de soixante et quinze ans.
Sans autre ressource que son industrie,
sans autre recommandation que sa probité,
il parvint à élever honorablement
une des plus nombreuses familles de Paris.
Au moment où la mort vint le frapper,
il avait
quarante quatre enfans et petits-enfans vivans.
Leur reconnaissance lui a érigé ce monument.

Qui pourra nombrer les peines que ce vénérable père de famille avait dû supporter, et les vertus qu'il avait dû pratiquer pour se donner une si nombreuse postérité, et conserver à l'Etat un si grand nombre d'utiles et industrieux sujets? Quelle tempérance et quelle frugalité présidèrent au commencement de sa carrière! Par quelle délicate et sévère probité il sut attirer sur ses travaux les bénédictions du Ciel, et se concilier l'estime de tous les gens de bien de sa profession, ou de ceux que son négoce mit en relation avec lui! Né, peut-être, dépourvu de protecteurs et de moyens, il put désespérer un instant du succès; mais bientôt sa courageuse et active industrie s'élevant au-dessus des premiers obstacles, ne trouva plus qu'une carrière facile, où les encouragemens, plus nombreux de jour en jour, lui procurèrent constamment des succès, et de nouvelles matières à de nouveaux triomphes.

Oh! si ce nouveau patriarche pouvait

m'entendre et me répondre, quelles questions indiscrètes, peut-être, ne lui ferais-je pas, pour transmettre ses réponses aux générations qui lui survivent! Dans un siècle d'impiété, me dirait-il, je restai attaché à la croyance de mes pères, et je voulus que mes enfans élevassent sans cesse leur cœur reconnaissant vers le Dieu dont la providence m'avait aidé à les nourrir. Avec quelle tendresse je chéris la compagne que le Ciel m'avait donnée. Avec quelle fidélité je sus remplir les devoirs d'époux! Père tendre, tous mes enfans furent également les objets de mes affections; maître humain et généreux, mes ouvriers furent mes amis; ami sincère et loyal, je goûtais toutes les douceurs de l'amitié, quand j'en procurais tous les avantages à ceux dont je méritai l'attachement. Sans doute une sévère économie maintint l'ordre dans ma maison, et la prospérité dans mon négoce; mais les établissemens honorables que je procurai à mes enfans, annoncent que, si je fus l'ennemi de la folle prodigalité, je le fus aussi de la sordide avarice. Aussi, de quel bonheur ineffable je jouissais, quand je pensais à ce nombre infini de mes concitoyens dont j'avais mérité l'estime et l'entière confiance, et à ces générations qui me devaient leur existence et leur bien-être! Concevez, si vous le pouvez, la douce satisfaction que j'éprouva en quittant la vie, quand l'idée me vint que je vivrais, après ma mort, dans le cœur de mes quarante-quatre enfans et petits-enfans.

CHAPITRE IX.

M. Scribe, négociant. M. de Thomé, officier-général. M. Leconte, ancien négociant. Mme. *Fleurizelle.*

Au bas de la colline, au nord, et à quelques pas de la tombe du vice-amiral Bruix, on lit l'inscription suivante, sur une pierre ombragée de jeunes cyprès.

ICI REPOSE

Jean-François SCRIBE,

le meilleur des pères,

un père

comme on n'en vit jamais,

. . . .

décédé le 28 janvier 1806,

âgé de soixante-quatre ans.

Si ton cœur sut jamais compatir aux malheurs,
Passant, arrête-toi ; plains du moins nos misères ;
Un seul mot t'instruira du sujet de nos pleurs :
Ci-gît le plus chéri des pères.

Puissent les enfans qui ont rendu ce tendre hommage à la mémoire de leur père, avoir des enfans qui retracent leurs vertus, comme ils rappellent celles qui rendirent l'auteur de leurs jours recommandable aux yeux de ses concitoyens, et cher à sa nombreuse et respectable famille !

Sur la même ligne, on rencontre une tombe élevée sur les restes d'un militaire distingué. On y lit cette épitaphe :

CI-GIT

René DE THOMÉ,

maréchal de camp,

décédé le 5 septembre 1805,

âgé de soixante-douze ans.

Tout éloge serait ici superflu ;

il est dans la bouche

de ses compagnons d'armes,

des savans et des gens de bien

qui l'ont connu.

Si l'on interroge les vieux militaires, ils diront que M. de Thomé fut un brave soldat ; les savans, ils réponderont que M. de Thomé avait plus de lumières et d'instruction que l'on n'en exige ordinairement des hommes de sa profession ; les gens de bien, ils loueront la bonté M. de Thomé, sa loyauté, son désintéressement, et son zèle à remplir tous les devoirs de l'honnête homme.

~~~~~~~~~~~

A l'extrémité du rang de tombes qui s'étend le long de la muraille du couchant, vers le nord, mes regards se portent sur une large pierre dont le sommet est partagé en deux demi-cercles, décorés chacun d'une croix, et dont la partie inférieure est divisée par une ligne noire perpendiculaire, et destinée à séparer deux inscriptions. La face de droite qui n'en présente aucune, annonce que la terre qui l'avoisine n'a pas encore été remuée par la pioche du fossoyeur, et qu'elle attend une victime du trépas, comme le lit nuptial attend la jeune épouse. Sur la face du côté gauche, on a gravé cette inscription:

ICI REPOSE

M. N. L. Leconte,

ancien négociant,

époux accompli, père tendre, ami sincère,

décédé le 12 février, 1807 âgé de quatre-vingt-

trois ans.

Son épouse, après cinquante-deux ans

de l'union la plus parfaite,

et ses enfans en pleurs,

lui ont érigé ce monument

de leur respect et de leur amour.

Époux et épouses pour qui le flambeau de l'hymen n'est qu'une torche incendiaire, qui rendez les devoirs de la piété filiale méprisables à vos enfans par vos fureurs, et qui ne rougissez pas de dévoiler devant les tribunaux les honteux sujets de vos querelles et de vos haines; venez, approchez-vous de cette tombe respectable, et que ce demi-siècle du bonheur et des vertus de deux époux vous apprenne ce que vous devez faire pour être heureux et respectés comme ils le furent de leurs enfans et de leurs concitoyens !

ICI REPOSE

Jeanne-Julie JOUIN,

épouse de M. Fleurizelle,

chef d'Ecole Secondaire,

décédée le 1er. juin 1807,

âgée de quarante-neuf ans.

Flebilis omnibus occidit.

Tout en applaudissant aux justes regrets d'un époux qui perd le bonheur en perdant la moitié de lui-même, je ne saurais m'empêcher de remarquer que nos livres sacrés fournissent un assez grand nombre de paroles dont la douleur peut faire de belles et touchantes applications,

applications, pour que l'on n'ait pas besoin d'emprunter les expressions d'un poëte profane pour les placer sur un tombeau chrétien.

Ce que je dis s'applique naturellement à l'épitaphe qui doit être gravée sur le sépulcre de M. Mestrezat, ministre du St. Évangile. Pourquoi M. Marron, cet orateur éloquent, qui possède sans doute aussi bien sa Bible que son Horace, n'a-t-il fourni, dans cette circonstance, aucune expression chrétienne propre à exprimer les regrets du troupeau confié à la vigilance et aux lumières de ce vertueux pasteur ?

CHAPITRE X.

Annette-Victoire Hénée ; Thérèse-Gabrielle Morel; Ve Lieutaud; Christophe-Alexandre Souhart ; Jacques-Alexis Nau.

QUEL bruit se fait entendre! Je prête l'oreille... ce sont des soupirs... J'entends cette exclamation douloureuse : *O ma chère enfant, ma chère fille!*.... Je me retourne, et je m'approche... C'est un jeune père de famille, prosterné sur le bord de la fosse commune; C'est... c'est M. Hénée, l'imprimeur de cet ouvrage. « Je suis venu, me dit-il, pleurer sur la poussière où repose ma chère *Annette-Victoire*, cette aimable enfant que j'ai perdue; cet unique objet de mes espérances et de la tendresse de sa mère. Hélas! pourquoi faut-il que le trépas l'ait ravie, quand elle commençait à nous dédommager des peines que nous avait données sa première éducation, par ses grâces, par sa docilité, par son intelligence, enfin par toutes les qualités qui font naître les plus douces espérances et justifier la plus vive tendresse d'un père et d'une mère! En parlant ainsi, M. Hénée pleurait, et me serrait la main. Je l'invitai à la résignation, et je le quittai pour continuer ma promenade devant les tombeaux, et reprendre le fil de mes tristes méditations.

~~~~~~~~~

Dans un carré long fermé par une balustrade grillée, se présente entre quatre cyprès, une tombe inclinée, recouverte d'un long marbre noir, à la partie supérieure duquel est gravé un chiffre en lettres d'or, dans un cercle doré; autour du cercle on lit ces mots latins:

Caræ matri carus filius;

Et au-dessous l'épitaphe suivante, gravée aussi en lettres d'or:

ICI REPOSE
Thérèse-Gabrielle MOREL;
veuve de J. H. Lieutaud,
horloger à Paris,
décédée le 10 février 1807.

Combien est digne d'éloges la piété d'un fils qui élève un tombeau à celle qui lui donna la naissance! Quel plus bel usage peut-il faire des richesses qu'il en a reçues, ou de celles que son industrie lui a procurées, que d'en consacrer une partie à perpétuer le souvenir de la tendre mère dont il fut le consolateur et le soutien! Enfans ingrats, venez rougir ici, et que ce monument à la décoration duquel on a fait concourir l'or et le marbre, vous fasse repentir de la coupable parcimonie qui présida à la sépulture de vos parens! En vain vous nous direz, pour vous la faire pardonner, que les dépenses que l'on fait pour les morts, sont mieux et plus utilement appliquées aux vivans; ce n'est point à l'homme qui se promène parmi les tombeaux, comme d'autres dans les bosquets de Tivoli, que vous apprendrez les maximes de la sagesse. Il sait bien que vos raisons ne sont que les excuses de l'avarice et de l'ingratitude; et il sait aussi que tel qui compte ce qu'il a à dépenser au trépas d'un père ou d'une mère, dont les sueurs l'enrichissent, compte avec une scrupuleuse dureté ce qu'il donne aux malheureux.

~~~~~~~~~~~~

Un monument de plus de cinq pieds de hauteur, s'élève sur le penchant d'une petite éminence, à quelques pas de celui de madame Lieutaud. A sa partie supérieure on a sculpté, dans une espèce de niche, un sablier entre deux ailes, symboles de la vîtesse et de la mesure du tems. Au-dessous de cet emblême, on lit l'épitaphe suivante :

D. O. M.
ICI REPOSE
Christophe-Alexandre Souhart;
Adjoint Maire du VIe. arrondissement,
Membre du 2e. Collége électoral,
et de la Société Philantropique;
décédé le 15 janvier 1807,
à l'âge de 52 ans.
Magistrat intègre,
bon citoyen, bon frère, bon ami;
Il fut pleuré de sa famille,
et regretté de tous ceux qui le connurent.

Si la mort d'un bon prince est une calamité universelle, et si la mort d'un bon père est un malheur domestique, que faut-il penser de celle d'un bon magistrat? Oh! combien après une révolution sanglante qui a traîné à sa suite tous les excès, animé toutes les haines, excité toutes les vengeances, et a brisé ou relâché tous les liens de la société civile; combien, dis-je, la patrie doit regretter ces magistrats populaires, sentinelles avancées du gouvernement, et conservateurs fidèles de la propriété et de la liberté publiques, quand le trépas les a ravis au souverain qu'ils faisaient chérir, et à leurs concitoyens qu'ils servaient, et dont ils avaient mérité et l'estime et l'attachement! M. *Souhart* doit être compté dans le nombre de ces hommes rares et précieux; et la mort, en l'arrachant à ses fonctions civiques et paternelles, a fait vaquer une place dont son nom ne peut que rendre les fonctions plus honorables et plus difficiles à remplir.

Au milieu du rang des tombeaux, ou à peu près, et dans une balustrade où quatre jeunes cyprès balancent leurs jeunes et mornes rameaux, s'élève une tombe sur le sommet de laquelle on a gravé une croix.

CI-GIT

Le corps de Jacques-Alexandre NAU,

M^{d.} Epicier, — né à Paris

en 1759, — décédé le 6 août 1806.

Ce n'est point ici une de ces pompeuses inscriptions qui rappellent les hautes dignités du mort, et qui presque toujours ont été dictées par l'orgueil des vivans. Il est évident que la famille de M. Nau, qui aurait pu faire graver sur cette pierre le dénombrement de ses vertus, n'a fait placer là ce monument que pour reconnaître l'endroit où repose son vertueux chef, et où elle peut venir, de tems en tems, humecter sa cendre des larmes du sentiment. Que cette modeste inscription répond bien à l'humilité de la croix sous laquelle elle est gravée! Que cette croix est une vive expression de la piété filiale, ou de la tendresse de la personne qui en a prescrit l'ornement!

CHAPITRE XI.

M. Baculard d'Arnaud; Louise de Lorraine, femme de Henri III, reine de France et de Pologne.

QUEL nom ai-je lu! quel sentiment me pénètre! de quelle émotion mon âme est saisie! C'est une longue pierre sépulcrale, à chaque côté de laquelle s'élève une tige de ces fleurs que l'on nomme *immortelles*.

CI-GIT

François-Thomas
de BACULARD d'ARNAUD,
Auteur du Comte de Comminge,
des Épreuves du Sentiment, etc.
né le 15 septembre, 1718
mort le 9 novembre 1805.

Au bas de cette inscription, on lit celle-ci:
« La plupart de nos gens de lettres
» écrivent avec leur tête et leur main;
» Mais M. d'Arnaud
» écrit avec son cœur. »
J. J. ROUSSEAU.

Que ce peu de mots d'un des plus grands écrivains que la France ait produits, fait bien l'éloge des ouvrages de M. d'Arnaud! Qui oserait s'inscrire en faux contre un si éclatant témoignage d'un homme qui savait si bien apprécier le génie, et qui était si avare de louanges? Pourquoi donc M. d'Arnaud vécut-il sans gloire, et presque délaissé? Pourquoi cet écrivain si sensible, et qui posséda dans un degré si éminent le rare talent d'émouvoir et d'arracher des larmes à ses lecteurs, n'inspira-t-il qu'un faible intérêt dans sa longue vieillesse, et n'obtint-il aucune de ces récompenses littéraires, qui furent souvent prodiguées à la médiocrité intrigante et orgueilleuse? C'est que, se connaissant bien lui même, et doué d'une âme aussi élevée que sensible, il renonça aux succès, parce qu'il fallait les demander, et courir la chance des refus; c'est que, passionné pour cette indépendance dont la plupart des gens de lettres ignorent le prix et les douceurs, il crut que chaque démarche qu'il ferait pour se procurer un sourire de l'autorité, et une promesse de la fortune, serait un chaînon qu'il se forgerait, en attendant cette longue et humiliante chaîne des récompenses et des faveurs. Ce fut par ce même amour de l'indépendance que, dédaignant ces moyens vulgaires qu'emploie le commun des écrivains pour se faire annoncer par les trompettes de la renommée, il ne voulut devoir qu'à ses ouvrages le maintien de son ancienne célébrité. Mais il connaissait mal la fin du siècle dont le commencement l'avait vu naître; et il ignorait sans doute qu'aujourd'hui, pour être lu et admiré, il faut faire antichambre chez un journaliste, comme chez le ministre dispensateur des places et des pensions.

O d'Arnaud! puisse ton intelligence applaudir à l'hommage que je rends aujourd'hui à ta cendre et à ta mémoire! Puissent tes ouvrages faire long-tems encore le charme des cœurs sensibles! Puissent nos écrivains marcher sur tes traces, et devoir leurs triomphes au sentiment bien exprimé de l'honnête et du beau!

~~~~~~~~~~

Qui croirait qu'à côté des restes de M. d'Arnaud repose l'auguste dépouille d'une souveraine, la seule, peut-être, qui ait échappé aux recherches des profanateurs des tombeaux de l'ancienne maison royale de France? Pourtant, rien n'est plus vrai; et cette souveraine, dont le cercueil n'est séparé que de quelques pouces de celui d'un auteur modeste et pauvre, est Louise de Lorraine, femme de Henri III, reine de France et de Pologne, qui mourut à Moulins en 1601, et dont les restes furent transférés, en 1688, à Paris, dans l'église des Capucines qu'elle avait fondées. Quand cette église fut démolie, les ouvriers trouvèrent dans un caveau plusieurs cercueils de plomb, sur l'un desquels on lut le nom de cette princesse. Informé de cette découverte, le Préfet du département de la Seine ordonna que ce cercueil serait transporté au Champ de Montlouis, et déposé dans l'endroit où il se trouve aujourd'hui.

Que l'homme sensible, que le sage, qui viennent visiter les tombes du Champ de l'Est, ne s'attendent point à trouver là un magnifique et pompeux monument! Une petite croix de bois, sans inscription, qui s'élève tant soit peu au-dessus de l'herbe, est la seule marque distinctive qui apparaisse sur le tombeau d'une princesse de cette illustre maison de Lorraine qui règne encore sur une partie de l'Europe.

Je ne ferai aucune réflexion au sujet de ce simple gazon qui couvre les restes d'une reine de France, et de l'oubli auquel ces restes paraissent être condamnés. Que d'autres, conduits par une vaine et profane curiosité, aillent admirer, dans le Musée français, ces tristes mausolées devenus étrangers au sentiment, parce qu'ils ont perdu l'odeur du trépas, et qu'ils ne renferment plus rien de ce qui les rendait si respectables, plus rien de ce qui avait appartenu à l'humanité, à la grandeur, à l'infortune, à la vertu; pour moi, je ne trouve rien de plus éloquent, ni de plus inspirateur, que cet espace inconnu où sont ensevelis tous les titres, toutes les pompes de la dignité royale, avec tous les respects des peuples et tous les souvenirs de la postérité. Que me dirait une pompeuse inscription? Ah! sans doute elle me dirait beaucoup moins de choses que je n'en sens, et que je n'en pense dans ce moment.

CHAPITRE XII.

Mme. de Mortemer, M. de Vaucresson, Mme. Boissière, Mme. Brochant.

CI-GIT

Anne Geneviève VAIGNON
DE MORTEMER,
épouse chérie, en secondes noces,
de Nic.-André de Labarre,
décédée en 1804, âgée de quarante-huit ans.

Elle fut malheureuse et persecutée
par ceux qui connurent la bonté
de son cœur, et qu'elle combla
de ses bienfaits.

PRIEZ POUR SES ENNEMIS.

Hélas! pourquoi faut-il que les tombeaux, en nous mettant devant les yeux la triste destinée de l'homme, nous rappellent quelquefois sa méchanceté?

pourquoi faut-il que j'apprenne qu'une épouse chérie fut victime de sa bienfaisance et de l'ingratitude, avant d'être la victime d'une mort prématurée ? Quels ennemis peuvent lui rester aujourd'hui? et de vaines plaintes contre ses persécuteurs peuvent-elles dédommager sa cendre des peines qu'ils lui firent éprouver? L'inscription de ce tombeau, ainsi que celle de la tombe *du Philosophe* au Champ de l'Ouest, sont les deux qui m'ont le plus désagréablement affecté. Ce style amer ne convient point à l'affliction ; et l'on fait mal l'éloge des morts, en faisant des reproches aux vivans.

Sur la face de devant d'une petite pyramide qui supporte une urne funéraire, on lit cette inscription latine :

HIC JACET

Carolus-Franciscus
Martin de Vaucresson,
in Magno Consilio

Senator;
deinde Advocatus
generalis,
ac demum Primus Præses;
vir doctrinâ et integritate
insignis.
Obiit, flebilis omnibus,
27 mens. jul. an. sal. 1804.

Cette courte inscription ne laisse rien à désirer pour l'éloge de celui qu'elle concerne, et par sa belle simplicité me dispense de toute espèce de réflexion.

CI-GIT

Marie-Geneviève BLONDEL,
épouse de M. A. Boissière,
décédée en 1806, âgée de quarante-huit ans.

La sensibilité creusa son tombeau.

Si le sentiment est le charme de la vie, pourquoi la sensibilité en est-elle presque toujours le fléau? C'est que le sentiment agite doucement le cœur, et que la sensibilité le remue toujours avec une vivacité et une force qui rendent souvent les facultés physiques victimes de ce mouvement indépendant de la raison. Quel qu'ait été l'objet de la sensibilité de Mme Boissière, mon cœur s'émeut par le seul voisinage de sa dépouille; et j'unis volontiers mes regrets à ceux de l'époux qui l'a perdue.

―――

Au nord, et contre la muraille de l'ouest, est une tombe qu'avoisine un petit bosquet. On y a gravé cette inscription :

CI-GIT

Angélique BROCHANT,
épouse de P. F. Roger
de Gouzangré,
décédée à Paris, en 1806, âgée de 26 ans.

Patri, sponso, natis, fratribus, et amicis,
Angelica
flebilis occidit.

Que de cœurs ont été percés du même trait! Que de larmes ce seul trépas a fait couler! Quelles aimables et précieuses qualités dut avoir cette jeune épouse, pour emporter avec elle dans la tombe tant de regrets, et pour laisser à sa place de si tendres souvenirs! O femmes qui lui survivez! en est-il beaucoup parmi vous qui puissent se dire à elles-mêmes: Je suis chérie de mon père, de mon époux, de mes enfans, de mes frères, et de ceux qui se disent mes amis? que de vertus ce témoignage suppose! Combien la société seroit heureuse, si beaucoup de femmes pouvaient se le rendre

CHAPITRE XIII.

M. de Préval; Mlle. Rivière; description de son tombeau, et de celui de madame Guyot.

J'avance vers l'est, en suivant la ligne des sépulcres rangés contre la haie qui se prolonge depuis le mur de l'ouest jusqu'à celui de la terrasse du palais. J'ai déjà parcouru toutes leurs inscriptions; mais il en est une que je regrette de n'avoir point rapporté sur mes tablettes. C'est celle qui concerne M. de Préval, qu'un trépas prématuré enleva l'année dernière à son épouse, à ses enfans et à ses nombreux amis. Cette inscription, qui est en langue latine, donne une juste idée de la perte que firent la société et le barreau, par la mort de cet excellent homme.

HIC JACET

Petrus-Elias SEGUINEAU DE PRÉVAL,
Cæsaroburgensis;
vir probus, pater optimus;
ingenii, animique dotibus excellens;
innocentiæ præsidium, amicitiæ deditus,
Lutetiæ obiit, an. 1806,

æt. an. 46.

Uxor mœrens, filii lugentes, amici memores,
hoc pietatis, dolorisque monumentum
posuêre.

Derrière, et autour de la maison, s'étend une vaste esplanade sur laquelle je monte après avoir jeté quelques brins d'herbes sur la tombe de M. de Préval. J'entre d'abord dans une avenue bordée des deux côtés d'une épaisse charmille, et à l'extrémité de laquelle j'aperçois une pierre perpendiculairement placée au sommet d'une tombe inclinée. Ce monument lugubre, et par lui-même et par sa situation, est entouré d'une grille de fer à hauteur d'appui. A ses quatre coins, quatre cyprès balancent tristement leur symbolique feuillage devant quatre tilleuls qui paraissent n'avoir été plantés dans cette solitude, que pour favoriser par leur ombre ou les méditations de la sagesse, ou les rêveries de l'amour.

Sous ce tombeau, dont on n'a encore dessiné que les principaux ornemens, repose la cendre de *Caroline Rivière*, décédée le 12 juin 1807, âgée de quatorze ans.

Hélas ! pourquoi cette jeune vierge vint-elle s'asseoir au banquet de la vie pour ne s'y montrer qu'un instant, et jeter dans une douleur éternelle les tendres parens qui lui avaient donné le jour ? Sans doute cette courte apparition l'ayant empêchée de s'attacher au plaisir de l'existence, elle ne vit point approcher le fatal instant de sa dissolution avec cet effroi qui tourmente les âmes qu'un long séjour attache à ce souffle toujours renaissant que l'on nomme la vie; peut-être aussi un génie prévoyant et bon, ayant découvert dans le lointain de ses années ses chagrins, ses peines, ses douleurs, voulut-il, en l'arrêtant au commencement de sa carrière, lui épargner, avant son troisième lustre, les orages des passions et les tourmens d'un cœur sensible. Ce n'est donc point sa destinée qui doit exciter nos larmes et nos douleurs: Caroline, pure comme le premier rayon de l'aurore, pure comme l'ange qui préside à la virginité, a pris son essor vers les cieux, et s'est réunie triomphante aux chœurs de ces vierges qui ne firent que traverser la vie pour arriver à la félicité. Mais, vous, parens infortunés, qui jouîtes, pendant quatorze printems, de l'éclat de cette rose naissante, que vous reste-t-il pour vous dédommager du trésor que vous avez perdu? Où retrouverez-vous ces charmantes espérances, ces rêves si flatteurs et si doux du bonheur qui attendait votre aimable fille ? Que de liens se sont brisés par son trépas ! Que de caresses, que de tendres baisers ensevelis dans sa tombe ! Que de jours de fêtes qui devaient éclore pour vous, qui ne seront remplacés que par des jours de tristesse, d'ennuis et de regrets !

~~~~~~~

Quelle immense et ravissante perspective ! Avec quel étonnement d'admiration mes regards planent sur la capitale du Monde, et se promènent sur tous ses environs du levant au midi, et du midi au couchant ! Comme la vie est répandue sur cette vaste surface ! Comme tout paraît animé jusqu'aux confins de ces belles campagnes qui ne se terminent que là où la pensée supplée à la faiblesse de mes regards ! Quel mouvement dans ce séjour habité par tout un peuple ! et quel bruit confus et sourd des voix humaines, et des chars,

chars, s'élève jusqu'à mon oreille attentive?... C'est, assis sur le gradin d'un tombeau, que je me livre à cette extase; et c'est appuyé contre des ossemens, que je jouis des scènes pittoresques de la vie et des charmes enchanteurs de la nature.

Ce sépulcre qui présente fièrement ses larges côtés à trois des principaux points de l'horizon et dont la hauteur est de sept pieds, est isolé, et ne porte aucune inscription. On lit seulement, sur le côté qui fait face au Panthéon, cette courte et modeste notice qui contraste éminemment avec l'étendue du monument.

Dame Adélaïde Jacques

LEBOUCHER,

épouse

de Michel-Pierre-Guyot,

décédée le 13 messidor an 13.

Il est certain que ce tombeau, placé pour être remarqué de toutes les routes qui aboutissent de l'est, du sud et de l'ouest à la Capitale de l'Empire, sera revêtu sur ses quatre côtés de marbre noir, et sur sa couverture, ainsi que sur ses angles, de marbre blanc. Oh! combien l'époque où la piété élève les tombeaux au sommet du premier département de l'Empire français, est différente de celle où une féroce impiété les renversait, et en plongeait les vénérables débris dans la fange des campagnes et de la cité! Combien sont changées les mœurs de ce peuple qui naguère nommait *vaine superstition*, la religion des sépulcres! Si jamais ses ennemis doutaient de sa croyance et de ses vertus, qu'ils contemplent les monumens que les fils élèvent à leurs pères, les époux à leurs épouses, les amis à leurs amis ! C'est quand vous approcherez des tombeaux de nos pères, que vous apprendrez à nous connaître, disaient à Cyrus les envoyés des Scythes.

CHAPITRE XIV.

Mestrezat, ministre protestant. Réflexions au sujet de sa sépulture.

Nota. Comme le monument de M. Mestrezat n'est pas encore placé, ce n'est que dans l'atelier du marbrier que j'ai pu me procurer cette inscription.

FRID. MESTREZAT,

Ecclesiæ Genev. alumnus,
Basil. pastor dilectus,
Paris. spes et decus,
doctrinâ, eloquio, morum amœnitate
conspicuus,
uxori, liberis, amicis ante diem ereptus,

obiit
die VIII Maii an. M. D. CCC. VII, anno
ætatis XLVII,
Fide jam resurgerens,

HIC JACET.

Sur la face opposée du monument, on lit ces mots et ces vers latins extraits d'Horace :

O ECCLESIA PARISIENSIS REFORMATA!
Quando ullum invenies parem!
Multis ille bonis flebilis occidit,
Nulli flebilior quàm tibi.

Traduction.

FRÉD. MESTREZAT,

Elève de l'Eglise de Genève,
Pasteur chéri de celle de Basle,
l'ornement et l'espérance de celle de Paris,
illustre
par sa science, par son éloquence et
par l'aménité de ses mœurs,
enlevé à son épouse, à ses enfans, à ses amis,
par une mort prématurée,
le VIII Mai M. D. CCC. VII, âgé de 47 ans,

REPOSE ICI,

en attendant la résurrection.

O Eglise réformée de Paris.
Quand trouveras-tu un pasteur qui lui
ressemble?
Toutes les Eglises doivent pleurer sa mort;
Mais aucune ne la doit pleurer plus que toi.

En avançant au sud-est, et tout près du penchant de la colline, est une enceinte circulaire qui fut autrefois un salon de verdure, à en juger par les tilleuls et la haie presque détruite qui l'environnent. Peu de sites, aux environs de Paris présentent à la vue un tableau plus vaste et plus varié ; car il embrasse, dans un horizon presque sans bornes, les riches campagnes arrosées par les eaux conjugales de la Seine et de la Marne. Quelle dépouille repose aujourd'hui dans le sein de cette plate-forme, que le soleil éclaire de ses premiers rayons, et qu'il embellit sans doute la première par les mains du printems ? C'est la dépouille du savant et éloquent ministre Mestrezat, l'ornement de sa communion, et qui, par la beauté de ses talens et par la sublimité de ses vertus évangéliques, mérita l'estime de son souverain et le tendre attachement du nombreux troupeau confié à sa pastorale sollicitude.

O pouvoir du tems et des révolutions qu'il traîne à sa suite ! un ministre de Calvin repose non loin de ce Charenton où la réforme vit ses autels renversés, son temple démoli et ses prédicateurs proscrits ! Il repose sous cette terre où un jésuite venait sans doute quelquefois méditer ses plans d'intolérance et de persécution ! Oh ! si Claude et Jurieux pouvaient sortir de leurs tombes lointaines, et revenir sur les routes d'où ils pouvaient apercevoir les hauteurs de Montlouis ! s'ils apprenaient que le tombeau d'un descendant des illustres Mestrezat, de Genève, domine au loin sur les alentours de Charenton, ne penseraient-ils pas d'abord que toute la France professe la doctrine qu'ils défendirent avec tant de courage et de talent ? Et quand ils auraient su qu'un monarque, protecteur de toutes les consciences, de tous les cultes, est l'auteur de ce grand phénomène ; qu'après avoir assuré les droits de toutes les religions, il commence à rassembler les morts dans les mêmes sépulcres, en attendant qu'il puisse déterminer les vivans à se réunir dans les mêmes temples ; quelle haute idée ils se formeraient de son génie, de sa puissance et de sa sagesse ! Avec quel ravissement d'admiration ils écouteraient le récit de tout ce qu'il a fait pour éteindre les haines religieuses et politiques, et pour réconcilier entre eux les enfans de Rome et de Genève !

Sans doute le moment n'est pas éloigné où ce philosophe couronné réalisera le vœu éternel de tous les sages, de tous les véritables adorateurs du Grand-Être, en réunissant sous les mêmes étendards religieux tous les peuples de sa vaste domination, comme il réunit tous les souverains dans les mêmes intérêts, et cinq cent mille guerriers sous les ailes de ses aigles victorieuses. O Dieu de la nature, de la religion et de l'humanité, bénis les projets qu'il forme chaque jour pour le bonheur de l'espèce humaine! et s'il est vrai qu'il soit l'instrument de la justice à l'égard des nations et des princes perfides, et celui de la miséricorde à l'égard des Français, fais en sorte que rien ne résiste à sa haute sagesse, quand il voudra rassembler tous ses enfans dans la même famille, sous la conduite d'un même chef! Que les adorateurs de Dieu, de tous les cultes, déposent leurs rivalités, leurs haines, leurs anathêmes, dans son sein paternel! qu'ils se cèdent les uns aux autres, par une fraternité conciliatrice, la partie de leurs opinions qu'ils n'ont point puisée dans l'Évangile, ou que les siècles n'ont pas consacrée; qu'ils se raprochent! qu'ils s'embrassent! et qu'ils livrent aux flammes tous leurs chefs d'accusation!

CHAPITRE XV.

Tombeau de la famille Fieffé. Double monument de M. Jacquemart.

Plus bas, sur la droite, et à l'extrémité d'une allée de tilleuls, se présente une tombe neuve et d'une belle simplicité. Quatre jeunes cyprès balancent leurs rameaux à ses quatre angles; et une simple bande d'un gazon épais et verdoyant en défend les approches.

Sur la première face, qui est celle qui regarde le couchant, on lit ces mots :

Sépulture
de la famille
Fieffé.

Sur la face exposée au midi, on a gravé cette inscription:

ICI REPOSE
Eloi-Charles FIEFFÉ,
Notaire honoraire,
Membre du Corps législatif,
né à Dammartin, le 21 déc. 1740,
décédé à Paris, le 27 mai 1807.

On ne lit ici aucun éloge ; mais quel homme honnête n'a pas connu M. Fieffé, et n'a pas entendu parler de ses vertus publiques et domestiques? Avec quelle irréprochable intégrité il remplit les fonctions et les devoirs du notariat, cette honorable et difficile profession, où celui qui veut l'exercer avec tout le zèle qu'elle exige, est mille et mille fois exposé au choc des intérêts contraires, aux calomnies et aux reproches de la mauvaise foi, ainsi qu'aux pénibles sollicitations de l'avarice! Avec quelle sagacité et quelle sagesse il raisonnait des lois! Avec quelle prudence et quelle circonspection il concourait à les former!

∼∼∼∼∼∼

A quelques pas de la sépulture de la famille Fieffé, deux tombeaux, élevés sur un plateau soutenu par de fortes planches clouées à de gros pieux, et joints l'un à l'autre, à leur sommet, par une pierre, au contour supérieur de laquelle une croix est scuplîée en relief, se font remarquer, comme des télégraphes du trépas, de tous les étages des maisons du faubourg St.-Antoine, de toutes les routes, de tous les villages de la Brie, à la distance de plus de dix lieues. Celui qui avoisine de plus près les bords du plateau, attend sans doute une dépouille qui, dans ce moment, ou s'entretient, ou agit, ou se repose, ou se promène. Sur le côté de l'ouest du premier, l'inscription suivante m'apprend qu'il a déjà englouti une victime :

Sous cette tombe repose
Pierre JACQUEMART,
Négociant,
Fondateur et l'un des directeurs du Comptoir commercial, et Membre du Collége électoral du département de la Seine,
décédé
au mois de juillet 1804,
âgé de soixante-quatre ans.

Homme de bien, bon époux et bon père, il mérita l'estime, et emporta les regrets de tous ceux qui le connurent.

Que pourrais-je ajouter à cet éloge, à cette courte oraison funèbre, qui dit tout ce que l'on peut dire d'un citoyen vertueux, dont la mort est toujours un malheur pour ses proches, et pour ses amis, et une sorte de calamité publique, dans ces tems d'immoralité et de corruption où les générations qui s'élèvent ne sauraient nous consoler de l'extinction de celles qui vieillissent? O jeunesse ardente et inconsidérée, quand vos pères ne seront plus, quels hommes dédommageront la patrie de leurs talens et de leurs vertus? O France! à chaque instant la mort moissonne les ministres des autels, les maîtres de l'instruction, les vieux pères de famille, les vénérables modèles de la tempérance, de la probité, de toutes les vertus sociales; te flatteras-tu de les remplacer?

CONCLUSION.

Comme le champ du Père Lachaise n'a été enlevé à l'agriculture, cette mère nourricière des vivans, que depuis environ quatre années, pour être ajouté aux domaines du trépas, les tombeaux n'y forment encore qu'un rang le long de la muraille de l'ouest, lequel se prolonge, au nord, par une montée rapide, jusqu'auprès de la grille qui sert d'entrée à la terrasse; et ceux qui ne se trouvent point sur cette ligne, sont dispersés en petit nombre sur la portion haute et basse qui regarde le levant et le sud-est.

Mon voyage se trouva donc achevé au bout du plateau oriental où s'élèvent les deux sépulcres dont je viens de parler.

Plein de tristes idées et de sentimens mélancoliques, je retournai vers le tombeau de M.me Leboucher, duquel j'ai fait la description dans le chapitre treizième de cette seconde partie. Je m'assis sur le gradin qui domine la capitale; je contemplai ce confus assemblage de temples, de monumens, de palais, de maisons, de toutes les formes et de toutes les hauteurs; et comme un autre Xerxès, passant en revue l'innombrable population qui s'agite sur cette petite portion du globe, et qui, chaque jour, se lève, mange, et se couche sans aucune prévoyance de l'avenir, comme si elle ne devait jamais finir, je me disais à moi-même: Hélas! que seront devenues, dans un siècle, la génération qui me précède, la génération avec laquelle je suis né, et la génération qui me suit? Sans doute cette reine des cités aura déjà vu se renouveler plusieurs fois la foule des vivans qui se pressent aujourd'hui dans son enceinte. Ses pompeux monumens auront d'autres spectateurs et d'autres admirateurs; ses palais seront habités par des hommes qui auront oublié, ou n'auront jamais connu ceux qui les habitent dans ce moment; d'autres magistrats y feront d'autres lois; d'autres capitaines y seront récompensés d'autres exploits; d'autres savans seront assis dans un autre Institut; d'autres théâtres auront d'autres acteurs; les enfans qui viennent de naître, et ceux qui naîtront demain, après-demain, seront des aïeux depuis long-tems oubliés, et dont les portraits enfumés et déchirés auront grossi le monceau des meubles inutiles, vieillis et méprisés; toutes les demeures auront d'autres propriétaires; tous les trésors auront passé en d'autres mains; et peut-être, hélas! ces brillans jardins, doux et mystérieux asiles de l'amour et de la volupté, où les fêtes embellies par les arts et protégées par les présens de la nature, bravent chaque année, sous de charmans ombrages, les dévorantes ardeurs de la canicule, auront ouvert leur sein pour y recevoir la jeunesse qui y foulera encore pendant quelques années la verdure et les fleurs de leurs tapis. O riant et délicieux Tivoli! alors, peut-être, tes avenues ne présenteront d'autre perspective que celle des mausolées; une fosse large et profonde aura été creusée par les fossoyeurs, à la place où s'exécutent ces danses voluptueuses, au son des instrumens d'une musique enchanteresse; et les amans et les danseuses de la Chaussée d'Antin détourneront leurs regards de ta triste enceinte, en passant auprès de tes murailles. Déjà un monument sépulcral, sans doute précurseur de beaucoup d'autres, s'élève sous tes bosquets; tu n'es séparé du Champ du Repos que de quelques centaines de toises; prends garde que les rangs de ses tombeaux ne s'étendent jusqu'à toi, et que tu n'en deviennes, enfin, la première succursale! L'enceinte sépulcrale, du sommet de laquelle je te prédis cette fatale destinée, qu'était-elle il y a cent années? Un jardin de délices, embelli par la munificence d'un grand monarque.

Qu'est-elle aujourd'hui ? Le domaine du trépas, et le dépôt des cercueils. O trois fois vanité ! il faut que tôt ou tard les fleurs croissent au-dessus des dépouilles de ceux qui les ont cueillies, et que les épis s'engraissent de la substance de ceux qui les ont moissonnés !

FIN.

TABLE DES CHAPITRES

DE LA
SECONDE PARTIE

CHAP. Ier. *Description de la maison du Père Lachaise, et de ses environs.* Pag. 119

CHAP. II. *Réflexions sur la Maison du Père Lachaise. Détails historiques.* 124

CHAP. III. *Continuation des réflexions sur le Père Lachaise.* 129

CHAP. IV. *Différence de la population du Champ du Repos sous Montmartre, et de celle de la Maison du Père Lachaise. Causes de cette différence.* 134

CHAP. V. *Coup d'œil général sur les Sépulcres. Réflexions sur les Tombeaux ornés d'une croix.* 143

CHAP. VI. *Madame Garnier, M. de Londre, Mme. Frémont.* Pag. 148

CHAP. VII. *M. Lenoir Dufresne, M. Renouard, M. et Mme. Longchamp.* 152

CHAP. VIII. *Le Vice-Amiral Bruix, Valmont de Bomare, Mlle. de Blavette, M. Leullier.* 156

CHAP. IX. *M. Scribe, négociant; M. de Thomé, officier-général; M. Leconte, ancien négociant; Madame Fleurizelle.*

CHAP. X. *Annette-Victoire Hénée; Thérèse-Gabrielle Morel, V^e. Lieutaud; Christophe-Alexandre Souhart; Jacques-Alexis Nau.* 170

CHAP. XI. *M. Baculard d'Arnaud; Louise de Lorraine, femme de Henri III, reine de France et de Pologne.* 177

CHAP. XII. *Mme. de Mortemer, M. de Boissière, Mme. Brochant.* 183

CHAP. XIII. *M. de Préval, Mlle. Rivière. Description de son tombeau et de celui de madame Guyot.* 188

CHAP. XIV. *Mestrezat, ministre protestant. Réflexions au sujet de sa sépulture.* 195

CHAP. XV. *Tombeau de la famille Fieffé. Double monument de M. Jacquemart.* 201

CONCLUSION. 205

Fin de la Table de la seconde Partie.

www.ingramcontent.com/pod-product-compliance
Lightning Source LLC
Chambersburg PA
CBHW051916160426
43198CB00012B/1914